总第7卷 第2辑（2019）

盛京法律评论

SHENGJING LAW REVIEW

主编 杨松 郭洁

主办 辽宁大学法学院

知识产权出版社
全国百佳图书出版单位
—北京—

图书在版编目（CIP）数据

盛京法律评论．总第7卷．第2辑．2019/杨松，郭洁主编．—北京：知识产权出版社，2020.5

ISBN 978－7－5130－6874－1

Ⅰ.①盛… Ⅱ.①杨… ②郭… Ⅲ.①法律—文集 Ⅳ.①D9－53

中国版本图书馆 CIP 数据核字（2020）第060358号

责任编辑：石红华　　**责任校对：**谷　洋
封面设计：臧　磊　　**责任印制：**孙婷婷

盛京法律评论·总第7卷　第2辑（2019）
杨　松　郭　洁　主编　辽宁大学法学院　主办

出版发行：	知识产权出版社有限责任公司	**网　　址：**	http：//www.ipph.cn
社　　址：	北京市海淀区气象路50号院	**邮　　编：**	100081
责编电话：	010－82000860 转 8130	**责编邮箱：**	shihonghua@sina.com
发行电话：	010－82000860 转 8101/8102	**发行传真：**	010－82000893/82005070/82000270
印　　刷：	北京建宏印刷有限公司	**经　　销：**	各大网上书店、新华书店及相关专业书店
开　　本：	787mm×1092mm　1/16	**印　　张：**	11.75
版　　次：	2020年5月第1版	**印　　次：**	2020年5月第1次印刷
字　　数：	160千字	**定　　价：**	58.00元

ISBN 978-7-5130-6874-1

邮箱：shengjinglaw@163. com

网址：http：//law. lnu. edu. cn/

地址：沈阳市皇姑区崇山中路66号　邮编：110036

主办：辽宁大学法学院

协办：辽宁省高等学校法学一流特色学科

卓越法律人才教育培养基地

国家级实验教学示范中心建设单位

全国政法干警招录培养体制改革试点建设单位

目　录

CONTENT

【理论园地】

自然资源国家所有权属性的再定位

郭　洁*

内容摘要：完善自然资源产权管理体制的关键在于明晰产权。现行自然资源立法采用的按照主体分别调整所有权关系的立法技术，形成了自然资源国家所有权定性的难题。洞察学界既有的“公权说”“私权说”“宪法与民法构造说”的论争和我国自然资源国家所有权的运行的实践可知，公权与私权区分的传统分析框架已难以合理解释国家自然资源所有权的本质属性。基于所有权行使的法律行为性质，自然资源国家所有权应是兼具公权性和私权性的复合权利，即：在自然资源开发利用的国家意思形成阶段，国家自然资源所有权受公法规制，体现为公权性；在国家意思的实现阶段，受私法调整，自然资源国家所有权表现为私权性。自然资源复合所有权的原理契合了自然资源产权管理体制改革的政策方向和理论内涵，以其为指导，完善我国自然资源产权制度应以公共

* 郭洁，辽宁大学法学院教授；研究方向：民商法学。本文为中国法学会 2017 年度部级法学研究课题《地方政府间土地权属争议物权规则的构建研究》（CLS［2017］D69）的阶段成果。

利益为原则实现公法规制，以私法制度体系构建所有权的行使规则。

关键词：自然资源 国家所有权 复合权利 自然资源产权管理体制改革

引言：自然资源管理体制改革背景下构建自然资源国家所有权制度的必要性

党中央、国务院2015年印发的《生态文明体制改革总体方案》（本文简称《生态文明总体方案》）将构建起由自然资源资产产权制度作为生态文明体制改革的首要目标，提出自然资源管理体制改革应构建归属清晰、权责明确、监管有效的自然资源资产产权制度，着力解决自然资源所有者不到位、所有权边界模糊等问题。[1] 2017年1月16日国务院印发的《关于全民所有自然资源资产有偿使用制度改革的指导意见》（国发〔2016〕82号）（本文简称《有偿使用指导意见》）又提出，通过合理划分中央和地方政府对全民所有自然资源资产的处置权限，完善自然资源使用权制度。可见，自然资源管理体制改革的关键是完善国家自然资源所有权制度。但是，自1982年《宪法》确认了自然资源国家所有之后，2007年《物权法》仅在第48条规定了一个条文，“森林、山岭、草原、荒地、滩涂等自然资源，属于国家所有，但法律规定属于集体所有的除外”，并没有为自然资源国家所有权提供权利属性的定位和系统的规范；在法理上，自然资源国家所有权的属性定位和权能构成存在着诸多争议，使正在起草的《民法典·物权编》（草案）无法根据理论共识，为自然资源国家所有权构建出较为完整的物权规则。自然资源国家所有权的制度虚位使其无法发挥产权的初始配置功能。在理论上，明晰自

[1] 见2015年9月23日中共中央国务院《生态文明体制改革总体方案》，第一项：生态文明改革的总体要求（二）。

然资源国家所有权的属性，对建设生态文明、完善自然资源产权管理体制十分迫切和必要。

一、自然资源国家所有权属性的学术争论

自然资源的客体广泛性、财产与资源功能的多重性，使自然资源所有权具有不同于传统物权法上私人所有权的特质；国家的特殊法律地位更加剧了自然资源国家所有权在物权支配关系上的复杂性。学界对自然资源国家所有权属性的研究可谓学说聚讼，[1] 主要有三种学术观点。

（一）公权说

公权说认为，包括自然资源在内的国家所有权不是一种纯民法意义上的所有权，其性质更接近于行政权力、公共权力或者国家权力。该学说的主要理由是，“国家所有”及其等同概念的“全民所有”，无法依据民法关于所有权的定义来实现所有权。比如，全体人民只是名义上的所有者，不是也不可能成为任何意义上的行为主体，而且其还不能另行选择代理人，其利益的享有也不能通过任何民事方式实现。[2] 例如，有学者认为，自然资源国家所有权从宪法公权力角度理解应属于“国家反防御之权”，是对个人防御权的解除。[3] 公权说的主张从不同的角度形成了各观点的侧重。有学者从所有制角度解释自然资源国家所有权作为公权力的依据，认为，“《宪法》第10条第1款和第2款规定的土地属于国家或集体所有，与民法意义

---

[1] 本部分列举的关于国家所有权的观点并不处于同一语境之中，有的专门针对自然资源，如税兵和巩固等；有的针对包括自然资源在内的所有国有财产，如尹田和王军等。由于自然资源国家所有权是国家所有权的下位概念，因而此类学者的论断亦可适用于自然资源国家所有权。

[2] 陈旭琴：《论国家所有权的法律性质》，载《浙江大学学报》（人文社科版）2001年第2期，第99页。

[3] 巩固：《国家自然资源公权力说再论》，载《法学研究》2015年第2期，第129页。

上的所有权不同，前者包含了生产资料所有制的内涵。在所有制层面上，国家所有与集体所有不是平等的法律关系，而是整体与部分的政治关系；是一种特殊的"防御权"。[1] 有学者从宪法的制度保障功能解释其公权力的归属，认为我国"宪法上对于自然资源公共财产的规定，决定了有关公共财产的权利义务，自然也就规定了特定的公共财产权"[2]。公权力说的特点是排斥自然资源国家所有权进入物权法调整体系，其支持者们提出，不应当将"国家所有权"规定到物权法中，即使规定，也只能从"中国物权法的任务从来没有被认为是仅仅保护私人所有权及其他物权"的现实国情来理解，只不过说明了民法中更多地注入了公法的因素，并不能表明此种所有权即当然具有私权的性质。[3]

（二）私权说

私权说发轫于改革开放初期对国家财产所有权民法适用的解释。该学说认为，国家所有权受制于法律的规定，实际上就是要服从民法关于所有权的一般规定，国家所有权的内容不仅要由民法规定，而且应主要限定在民法关于所有权内容的一般规定的范围之内，不能由行政机关随意创设和扩大国家所有权的内容。民法规定的所有权的各项权能，不仅是由所有权客体的经济职能所决定，而且是社会经济生活中客观规律的反映。民法上所有权各项权能科学地概括了各种所有权的权利内涵，同样适用于国家所有权。不能把集中型体制下国家行使所有权的某些特点作为国家所有权的一般法律特征。[4]"国家所有权与个人所有权不过是所有权的两种类型，二者在

---

[1] 桂华、贺雪峰：《宅基地管理与物权法的适用限度》，载《法学研究》2014年第4期，第39页。

[2] 林来梵：《针对国家现有的财产权——从比较法角度的一个考察》，载《法商研究》2003年第1期，第56页。

[3] 尹田：《物权主体论纲》，载《现代法学》2006年第2期，第5～6页。

[4] 王利明：《国家所有权的法律特征研究》，载《法律科学》1990年第6期，第32～35页。

权能结构、行使方式、法律保护方面没什么不同；国家可以作为民事主体行使所有权，……对个人所有权有效的法律制度当然可以移植于国家所有权。"[1] 随着党的十四届三中全会社会主义市场经济体制基本框架的确立，以及《物权法》自然资源国家所有权的规定，私权说进一步更新为物权说。

（三）"宪法与民法构造说"

"宪法与民法构造说"是在公权说、私权说的单一权力/权利反思基础上形成的带有折中性质的新说，系本文作者的概括。"宪法与民法构造说"的共同特点是从宪法和民法两个层面的相互衔接关系角度探讨自然资源国家所有权的性质，基本观点是，自然资源国家所有权并非单一的公权力或者私权利，其处于宪法与民法双重的法律构造之下，因而具有多重属性，在规范意义上，形成不同的权利结构。"宪法与民法构造说"具体又分为：其一，双阶构造说。该说将自然资源国家所有权区分为宪法所有权和民法所有权。例如，税兵认为，自然资源国家所有权关系是一个复合的法律关系，蕴含有"宪法所有权与民法所有权"的双阶构造；宪法所有权是国家取得民法所有权的资格，强调的是获取财产利益的可能性，民法所有权则体现为现实中的直接支配力；宪法中关于自然资源国家所有权的规范属基础性规范，具有对自然资源国家所有权内容及其限制进行"终局性规定"的功能；民法中的确权性规范则借助实定法完成了自然资源国家所有权的规则塑造，实现了自然资源国家所有权从宪法权利向民事权利的转换。[2] 其二，三阶构造说。王涌认为，宪法上规定的自然资源国家所有权并不是专属于公法的所有权概念，它包括三层结构：第一层结构是私法权能，在这一层面上，它与物权法上

---

[1] 许涤宇：《所有权的类型及其法律构造——〈物权法草案〉所有权立法批评》，载《中外法学》2006 年第 1 期，第 52 页。

[2] 税兵：《自然资源国家所有权双阶构造说》，载《法学研究》2013 年第 4 期，第 12 页。

的所有权无异；第二层结构是公法权能，其主要包括国家对自然资源的立法权、管理权和收益分配权；第三层结构是宪法义务，国家应当为全体人民的利益行使其私法权能和公法职能。[1] 其三，立法转化与形成论。张翔认为，《宪法》第9条自然资源归国家所有的规定可以被视为基本权利条款，立法者在国家所有权的具体内容确定方面有着极大的形成自由，自然资源国家所有权的权能有待于立法形成。[2]

二、既有学说的评价

（一）单一"公权说"与"私权说"的局限

公权说与私权说均来源于学者对自然资源社会属性某一方面的认知，其对自然资源国家所有权性质的解释仅具有相对的合理性，难以全面地反映自然资源所有权的经济与社会的多重属性。基于自然资源的公共属性和生态属性要求自然资源国家所有权遵循公法的调整规律；基于自然资源的经济属性所衍生出的社会秩序是一种私法秩序，客观上要求按照私法的规则加以实现。契合自然资源经济属性的私权说尽管能够诠释自然资源经济性和财产法调整的机理，却无法解决私权模式下公私利益的摩擦与冲突；只能体现市场配置资源的产权基础，却不能解释资源物权取得中的行政法许可（如矿业权）、资源利用中用途管制、资源开发的总量调控等公法干预的正当性。公权说固然在借助实体法和程序法控制国家权力、保证社会公共利益优先性方面具有独特的优势，侧重了所有权的消极权能，但它强化了公法管制传统思维，排斥了物权法调整自然资源国家所

[1] 王涌：《自然资源国家所有权三层结构说》，载《法学研究》2013年第4期，第58~60页。

[2] 张翔：《国家所有权的具体内容有待立法形成》，载《法学研究》2013年第4期，第62页。

有权关系的制度可能性，无法解释自然资源国家所有权何以能够实现所有权的积极权能。日本学者大木雅夫在评价以公权力说理论指引的《苏俄民法典》的国家所有权制度时认为，这种这制度安排是一种“利用私法形式的公法”，系狄骥的社会连带主义法学思想在苏联民法典中的延伸；社会主义国家的所有权人不仅仅是以所有物满足个人欲望，更是为了公共的必需和国家以及所属集体的需要利用该所有物的“义务”和“权能”。[1] 在我国，自然资源公权说不符合全民所有自然资源产权改革的市场化方向。

（二）“宪法与民法构造说”的不足

“宪法与民法构造说”的特点是，从宪法所有权与民法所有权的关联透析自然资源国家所有权的构造，遵循西方宪法学的解释进路，首先构造出宪法所有权的基本权利概念，将宪法所有权解释为国家获取民法所有权的资格，或者将其解释为公法上的规制权或者立法权。“宪法与民法构造说”面临的问题如下。

（1）“宪法与民法构造说”将不同法域的自然资源所有权置于统一的分析视角，存在着分析框架的错位。

“宪法所有权与民法所有权”并非同一效力位阶上的权利，将同一财产上的民法基本法与宪法根本法两个不同效力位阶的法律关系不分性质地简单而主观地聚合，不符合根本法作为原则，基本法作为具体实施规则的宪法与基本法关系原理。在宪法层面，宪法作为基本权利法源对自然资源的规定目标在于确认作为经济基础的财产秩序，为社会主体提供基本生存的权利保障，即宪法上所有权的存续，是为了规定国家对具体所有权的保护义务；把所有的财产权利纳入宪法的所有权概念是为了使财产得到更广泛的保护，免受国家的干预。在基本法层面，私法上的所有权是具体的所有权，是通过主体的具体人格化，承受权利及其利益，实现宪法上基本权利赋予

[1] 【日】大木雅夫著：《比较法》，范愉译，法律出版社，1999 年版，第 223 ~ 224 页。

主体的所有权具体的权能。因为，“宪法上（水资源）的国家所有权是主权意义上的，意在通过宪法规范赋予全民所有（水资源）资源以保护权力，并不涉及水资源的具体支配利用。宪法上的国家所有权需要转化为民法上的国家所有权，使其具有民法上的物权属性。”❶

“宪法与民法构造说”中的双阶构造说，以德国学者的法律关系“双阶理论”为分析原理，但“双阶理论”无法对中国自然资源国家所有权的运行给与合理的解释。“双阶理论”认为，公法行为可以借助私法形式实现；同一个生活事实中可能存在不同属性（公法与私法）的法律关系或者请求权。该理论打破了传统法学对法律关系单一性质的沉迷，但存在的问题是：第一，“双阶构造”原理旨在解释以私法形式履行行政给付任务规则的复杂性，且适用于受益性行政给付行为，与我国自然资源国家所有权在法律关系复杂性和权利行使的社会公共性行使上难以类比；第二，“双阶理论”的优点在于，对行政主体作出的资源决定适用基本权利行使规则和行政法的控制，该理论有利于对相对人的保护，而对决定的实施则可获得“私”的经济活动的效率。缺点在于，行政主体批准决定之后的合同（私法形式）是一种杜撰，是硬将行政决定又解释成对相对人的要约，而将同一生活归属于公法与私法法域和救济途径的法律关系，会导致诉讼途径的不确定性和非经济性；在两个诉讼程序的法官见解有歧异时，问题更复杂，有时更难以清晰划分两个阶段并理清它们之间的关系，比如在决定被撤销后如何处置合同就是难题。❷

“宪法与民法构造说”中的三阶构造说认为，“宪法上所规定的

---

❶ 彭诚信、单平基：《水资源所有权基础理论解析》，载《金陵法律评论》2011年春季卷，第73页。

❷ “双阶理论”的主张者德国行政法学者易普森认为，同一个生活事实中可能存在不同属性（公法与私法）的法律关系，同一法律关系中可能存在着复数行为、复数请求权及复数权利义务关系。参见严益州：《德国行政法上的双阶理论》，载《环球法律评论》2015年第1期，第91页。

自然资源国家所有权不是专属于公法的所有权概念，其内部包含有私法权能、公法权能、宪法义务三层构造”❶。“宪法与民法构造说”将自然资源国家所有权的管理职能作为权利内容，使自然资源所有权是权利还是义务混沌不清；“宪法与民法构造说”将收益分配权作为公法权能，脱离了民事权利的私益本质。按照所有权权能的基本原理，所有权权能是权利人对财产的支配力，是自主意志作用于物的体现，其核心为财产的经济价值，收益权能是所有权人最终的利益所在。国家自然资源分为资产性权利和资源性权利，不论何种分类，只是收益的公用性范围不同。国家自然资源收益权的实现方式包括收益直接获取权和在设定用益物权时的收益分配权。三阶构造说割裂国家自然资源的收益权，将不利于维护国家所有者权益。

（2）“宪法与民法构造说”不符合自然资源产权管理体制改革的方向。第一，自然资源产权管理体制改革的方向之一是“以明晰产权、丰富权能为基础”，解决国家所有权虚位的问题，而“宪法与民法构造说”有虚化自然资源国家所有权的危险。三阶构造的观点或者双阶构造的观点，实质上是将自然资源国家所有权主观地进行多层次分割，以公权吸收私权。第二，自然资源产权管理体制改革旨在解决“市场配置资源的决定性作用发挥不充分”的突出问题，而“宪法与民法构造说”将公法权能作为自然资源国家所有权的权能，会导致财产权能与公共权力合一，不仅造成所有权权能内在的不和谐，也不符合按照自然市场运行的所有者和监管者分离、有效监管的规制逻辑。

（3）立法转化与形成论的观点承认宪法对自然资源所有权的原则指引，认可下位法引致条款的私法构建功能，“有待下位法形成的所有权内涵”❷。该理论并没有为所有权的实体构建提供新的理论进

❶ 王涌：《自然资源国家所有权三层结构说》，载《法学研究》2013 年第 4 期，第 57 页。

❷ 张翔：《国家所有权的具体内容有待立法形成》，载《法学研究》2013 年第 4 期，第 67 页。

路。从我国现行相关法律规定上看，宪法之外的“形成立法”有基本法和专门性法律两个层次。《物权法》通过第四十六条“矿藏、水流、海域属于国家所有”，第四十八条“森林、山岭、草原、荒地、滩涂等自然资源，属于国家所有，但法律规定属于集体所有的除外”，以及第四十九条关于“法律规定属于国家所有的野生动植物资源，属于国家所有”的规定，确认了国家所有权的私法属性；《矿业法》《海域使用管理法》《森林法》《草原法》等专门性法律规定了相关资源品种的用益物权制度，即自然资源使用权的出让和转让制度，实为自然资源所有权用益权能的规定。但是《民法总则》《物权法》没有规定国家所有权的主体类型和所有权的具体内容，使“形成论”对自然资源国家所有权的解释变得空洞、无意义。

三、自然资源国家所有权复合权利属性的定位

（一）复合所有权的基本含义与内容

考察既有学说的局限得知，只有更富于张力的、契合自然资源非财产性及财产性要求的理论新说，才能完整地展示我国自然资源国家所有权的内在规定性。

本文认为，自然资源国家所有权是一种兼具公权性与私权性的复合性权利。复合性权利的含义是：自然资源国家所有权的公权性与私权性应当根据自然资源国家所有权行使的具体阶段加以区分。按照所有权原理，所有权静态的利益体现为对特定资源的归属利益，动态的利益体现为以支配力为支撑的各项权能，并以直接处分所有物的利用行为为表现。国家自然资源的所有权属性应根据利用重于所有的现代财产权观念决定之，以所有权的行使过程来展示。由于我国国有自然资源采取授权行使的方式，所有权行使是物权变动的法律行为，依据法律行为的意思表示原理，权利主体处分行为应解析为所有权人内在意愿的目的意思和外在表示的效果行为，对应自

然资源国家所有权，所有权人权利行使过程分为意思形成阶段和意思表示实施两个阶段：第一阶段，在国家就特定自然资源开发利用作出决策时，为所有人意思形成阶段，自然资源国家所有权体现为公权性，由行政法为代表的公法调整此阶段法律关系；第二阶段，在国家将自然资源授权特定市场主体利用时，为意思实施阶段，国家所有权人或者其代理人与资源市场相对人发生私法关系，自然资源国家所有权表现为私权，以民商法为代表的私法作为调整此阶段法律关系的准据法。自然资源国家所有权复合性权利的内容如下。

（1）在意思形成的公权力阶段，国家作为公共利益的代表者利用所有权人控制领土范围内自然资源的自主性，对自然资源开发利用活动进行符合公共利益的制度安排，体现为自然资源保护与利用的抽象立法行为，涉及的法律制度包括：自然资源开发利用的总量控制规划与计划制度、开发强度控制与分区制度、用途管制制度、节约与集约利用制度、生态环境容量控制制度等。其特点是：第一，国家通过立法行为行使自然资源的控制权，形成国家资源开发利用的立法决策，包括宏观的资源调控和微观的资源市场规制；第二，国家所有权人资源开发的内在意志即为国家意志，以自然资源法律规则为载体，具有事先的公定力、公开性。

（2）在意思实行的私权利阶段，自然资源私益性或者财产性由所有权人物权方式实施。《物权法》第 45 条规定："法律规定属于国家所有的财产，属于国家所有即全民所有。国有财产由国务院代表国家行使所有权；法律另有规定的，依照其规定。"第 39 条规定："所有权人对自己的不动产或者动产，依法享有占有、使用、收益和处分的权利。"立法只要能在私法领域明确关于自然资源权利的归属和边界，就能形成常态的自然资源开发利用的行为模式。[1] 政府失灵的经济学论断表明，市场机制是资源配置的基础方式，由国家按照行政方式直接实施资源开发利用行为将导致较高的制度成本；私法

[1] 陈德敏：《资源法原理专论》，法律出版社 2011 年版，第 199 页。

方式的权利配置能够克服政府失灵。由于市场机制在本质上是一种平等的私法关系，自然资源国家所有权私权行使方式与普通的财产所有权并无实质的差异，即权利客体满足物权特定性、支配效力的要求，主体基于意思自治和等价有偿原则构成的资源物权一级市场和二级市场民法物权关系和各种债权关系。在我国，国家自然资源所有权私权方式行使的特征在于：第一，国家作为全民的代表，委托地方政府行使自然资源占有、使用、收益和处分权能，通过自然资源使用权出让合同，完成国家对财产所有权的间接支配，实现国有资产的收益权。第二，国家通过对自然资源一级出让市场事实上的垄断，能够将资源许可制度赋含的公法义务，借助出让合同加以内化，实现资源总体利用规划、开发市场准入、环境许可、生态保护等资源利用的非财产性目标，国家资源利用行为的内在意志转化为外部的效果意思。

（二）自然资源国家所有权复合属性的机理

自然资源国家所有权复合属性的理论定位以所有权的行使过程来展示所有权的内在属性，借用了法律行为的构成原理。法律行为是法律调整社会关系的基本工具，是民事法律行为与行政法律行为等各部门法律行为最上位的法律概念，是指人们实施的、能够发生法律效果、产生法律效果的行为。首先，不同性质的社会关系形成不同的法律行为。按照不同的主体分类，法律行为分为个人行为、集体行为和国家行为；依据行为的法律性质分为公法行为和私法行为，前者为行政行为，后者即《民法总则》规定的民事法律行为。自然资源国家所有权关系涉及国家主体（行政机关）的行政行为（抽象法律行为、具体法律行为），行政机关与个体之间的民事法律行为，如自然资源使用权出让合同。其次，法律行为的构成分为内在的意志表达和外在的行为表现。[1] 自然资源国家所有权的最重要特

[1] 张文显：《法理学》（第4版），高等教育出版社、北京大学出版社2011年版，第102页。

征就是资源利用中的公共利益限制，它通过立法的主权者的立法行为和行政规制行为得以内化体现为行为主体的内在意志；自然资源的利用行为表现为所有权行使的外部表意过程，即所有权的授权行为和使用权的出让合同行为。自然资源国家所有权是财产权利的运行特征，正如立法机关解释所言，它具有不同于个人所有权的典型特征是：第一，国家是主权者，是法律制定者，国家主要以立法（包括中央文件和法律）行使决定所有权的行使方式和相关问题。第二，国家所有权由行政机关具体行使。行政机关负有经济管理职能和所有权代表职能，二者往往难以划清界限。法律的制定一方面要保证国家对企业的控制，经济与政治的稳定；另一方面又要符合客观规律，让企业成为市场主体。❶ 国务院代表国家行使土地所有权的规定与国有资产由国务院代表国家行使所有权的意思表示是一致的。❷

利用法律行为原理解释自然资源国家所有权的复合属性，是从私法的外在性目的角度诠释自然资源国家所有权，并展示其公共性法律行为的特有现象。其一，国家主体的参与及国家意志决定所有权行使的私法行为的成立及效力内容。如自然资源使用权出让的县级以上主体资格要求；“招拍挂”强制规定决定出让合同的订立方式；受让人土地利用方式是否符合用途管制规定决定合同效力性强制规范的适用。其二，法律行为外观之私法性/商事性，意味着自然资源权利行使主体借助民事法律行为从事营利性活动，要符合私法的一般要求。❸ 自然资源国家所有权的外部运行过程就是“公共性私法行为”的典型形式，结合国家所有权的公共意志品格，自然资源国家所有权兼具公法与私法的双重属性。

---

❶ 全国人民代表大会常务委员会法治工作委员会民法室：《物权法立法背景与观点全集》，法律出版社，2007 年版，第 287 页。

❷ 黄松有：《中华人民共和国物权法条文理解与适用》，人民法院出版社 2007 年版，第 117 页。

❸ 蒋大兴：《论私法的公共性维度——“公共性私法行为”的四维体系》，载《政法论坛》，第 68 页。

（三）自然资源复合权利说的理论依据

国家自然资源所有权属性认知的不同学说，承载了学者对公权与私权必择其一的两难抉择，方法论上体现了公权与私权严格分立的传统法学思维。自然资源的财产、资源、生态的多种价值属性，需要破除公权与私权仅具其一的权利/权力划分的认知前见。

1. 物的本质理论

自然资源国家所有权的复合性权利原理，旨在调整自然资源这一特定财产形成的利益关系。在现代物权理论中，“物的本质”理论有助于解释自然资源之上的复杂利益关系，说明自然资源与一般财产的本质区分，并为自然资源之上国家复合所有权提供正当性依据。

物的本质理论的含义是，物的本质是利益；各种物的具体形态不同，但其共有内容是财产利益。在我国，物的本质理论首倡是孟勤国教授，他在研究无形财产纳入物权客体范围时提出：“物的属性应脱离物的具体形态加以考察。在传统物权法理论中，物的实体形态也不足以使物成为物权客体，还需要其他的条件支持。相比之下，财产利益的表达更为合理和周全。”❶ 物的本质理论又可表述为财产的利益理论。物的本质理论获得了国外学者的认同。法国学者认为，“毫无争议的是，在财产法制度中，‘抽象成分’在日益增大。这一运动的目的在于突出价值作为‘共同基础’的重要地位”❷。对比传统的财产概念，物的本质理论认为，传统财产权参照的是物的概念，其具有普遍性，毫无自身特点，一切财产均置于同一地位，但由于财产在社会生活中的多样化不可避免，其不同的价值使之形成赋予权利的个性化。多样化的取舍标准就是共同性、实质性的价值属性，

❶ 孟勤国：《物权的二元结构：中国物权制度的理论重构》（第二版），法律出版社2009年版，第43页。

❷ ［法］弗朗索瓦·泰雷，菲利普·森勒尔：《财产法》（上），罗结珍译，中国法制出版社，2008年版，第80页。

即法律上的不同利益特征。物的本质理论在法国民法理论上还延伸出权利的多样化，即基于财产共同规则之下的财产特殊地位理论以及财产权的专门化，例如，国有财产被视为“目的性”财产，国有财产权被设置特殊规则。[1] 针对法国《民法典》的财产分类优先考虑物的物理标准而不是价值标准，有学者提出了尖锐批评；同时认为，基于财产与自然的特殊关系，不动产物权的数量应当受到限制。[2]

物的本质理论对自然资源国家所有权的解释论意义在于：

第一，基于自然资源之上的公共利益与私人利益并存的特征，自然资源凸显出现代财产的价值意义；自然资源之上的财产权不再简单地被作为人与外界稀缺资源之间的关系，还具有稀缺的社会共同资源特性。自然资源物的外部性使之不再是单纯的物品，而是经济物品、生态要素、社会资源。物的利益本质为我们提供了社会价值的分析思维，即应突破传统法学的“针对当事人之间的权益比较权衡，而将参考坐标以社会价值，由社会整体的角度，处理资源运用的问题。”[3]

第二，物的本质理论要求基于特殊的利益关系设置多样化的物权，为自然资源国家所有权等特殊的财产权进入民法留出了入口和空间，[4] 自然资源的公共利益与财产利益并存衍生出权利的复合属性。制度经济学认为，产权配置与产权客体的公共程度密切关联。制度可以通过产权类型的配置协调价值和利益的冲突。按照该理论，如果所有权的客体与社会公共利益毫无关联或者关联不大，则该客体“对于大众福祉及其对行政主体自身需要的满足缺乏施加影响的能力，财产之上应配置私人产权；如果物上设立私人所有权足以对

---

[1] 尹田：《法国现代物权法》，法律出版社 1998 年版，第 10 页、第 20 页。

[2] ［法］弗朗索瓦·泰雷，菲利普·森勒尔：《财产法》（上），罗结珍译，中国法制出版社 2008 年版，第 84 页。

[3] 熊秉元：《现代版的蜜蜂故事》，载《读书》2015 年第 4 期，第 45 页。

[4] 张淞纶：《论物的负担》，载《私法》2012 年第 1 卷（第 10 辑），第 59 页。

公共利益的实现造成现实的威胁或者危害，制定法通常以国家保留所有权的方式排斥此类客体之上的个人所有权。”❶ 传统民法理论按照利益属性区分权利与权力。罗马法已基于对不同类型自然资源经济性和公共性的考量，确立了公法和私法分类调整的立法思路。近代社会，人们更多地从经济性的角度看待自然资源，认为自然资源的经济属性与资源的生态属性是相容的，法律只需对其经济属性作出制度性安排。进入现代社会，立法者普遍关注所有权的财产价值与生态环境利益、资源的公平配置、可持续利用等非财产目标之间的平衡，所有权行使过程中自然资源的公共性引发所有权的内部和外部限制、禁止权利滥用原则，使私人利益受制于公共利益，所有权内涵的社会义务与私人的自由交叉相容。在所有权规范层面上，公法的分配正义功能使普遍干预的资源立法政策大行其道，出现行政法与所有权规则的纵向重叠。“公法与私法的接轨不单纯是技术层面的，而同时是理念、价值和政策的接轨。私法上的决定如何将行政部门生产的规范作为先决事实，使接轨变得更为顺畅，是法制上的重大挑战。”❷ 通过普遍的立法和行政规制保持所有权的限制，使自然资源国家所有权完成了公法与私法的顺畅衔接。由于自然资源利用需要与市场主体平等地交易，自然资源所有权须保留物权的各方面支配力，国家作为公共意志决策者和所有权主体获得了一体性，其权利行使就表现为以规制决策的立法与行政行为为内在意志，与第三人发生民事行为。

2. 公共财产权理论

公共财产权（“Common Property”）一词，来源于著名经济学家哈丁的“公地悲剧”假设的分析，西方制度经济学学者将私人产权

❶ 刘艺：《公物法中的物、财产、产权——从德法公物法之客体差异谈起》，载《浙江学刊》2010年第2期。

❷ 苏永钦：《寻找新民法》，北京大学出版社2012年版，第257页。

之外这种非排他性的产权安排称为公共产权。❶ 在法学界，通常认为根据财产权的排他程度，可以把财产权区分为私有财产权、公共财产权和共有财产权等。❷ 基于“反公地悲剧”理论的分析，公共产权仍优于重新配置的私人产权。❸ 经济学界一般认为，公共财产权具有不可分性，即财产在法律上是公众所有的，但构成公众的每一成员都不能对财产声明所有权；公共财产没有排他性使用权，即对任何私人当事人来说，使用公共财产的权利是没有界限的；任何人都无权排斥他人使用它，大家都可为使用公共财产而自由地进行竞争；公共所有权具有不可转让性，即每一个公众成员都无权转让公共所有权。❹ 公共所有权是一个能够使管理规则得以发展的有组织的所有权安排，其中，共同行使公共财产权的群体规模是已知的和强制的，激励机制存在于公共所有权人共同接受的制度安排之中，制裁机制确保相关制度被顺从。公共财产权的基本特征在于：主体的公法人性质；财产目的严格的公益性；客体范围的国家财产的不同地位；公共性的实施机制。❺ 因为在本质上公共财产权是政府基于“公共性”而代替公众持有的“财产”，仍为“公众之财”，其支配应受宪

---

❶ louis De Alessi：《产权的发展》，载埃瑞克·G. 菲吕博顿、鲁道夫·瑞切特编：《新制度经济学》，孙经纬译，上海财经大学出版社 2002 年版，第 57 页。

❷ 对此分类，有学者提出“三元权利”分类，如本文引用的黄桂琴文：《我国自然资源国家所有权物权属性研究》，载《石家庄经济学院学报》2006 年第 3 期，第 371 页。也有学者提出私人财产权和公共财产权的“二元权利分类”，如刘剑文、刘桦宇文：《公共财产权的概念及其法治逻辑》，载《中国社会科学》2014 年第 8 期，第 135 页。蒋大兴：《论私法的公共性维度——论公共性私法行为的四维体系》，载《政法论坛》2016 年第 6 期，第 62 页。

❸ Michael A. Heller 论证“反公地悲剧”时提出，如果出现稀缺性资源未设定财产权的情形，会发生公地过度使用的悲剧；若设定多个财产权，则会出现未能足够使用的反公地悲剧。

❹ 周林彬：《物权法新论—— 一种法律经济分析的观点》，北京大学出版社 2002 年版，第 371 页。

❺ 张健文：《转型时期的国家所有权问题研究面向公共所有权的思考》，2006 年西南政法大学博士学位论文，第 44～46 页。

法、法律的严格约束。[1] 澳大利亚学者 Ian Thynnea 认为，通常公共领域财产权作为政府的政策工作和行动工具，其发展规律是：最初是以“作为监管的所有权”（ownership as regulation）形式而存在，是私法意义上的所有权与公法意义上的国家监管的融合。近代以来，由于所有权与监管的融合最容易涉及垄断，因而其不可避免地让位于更现代化和专业化的所有权与监管合理区分的行使模式，学者称为公共领域的所有权从“作为监管的所有权”（ownership as regulation）到“所有权和监管”（ownership and regulation）的转变，意味着公共领域所有权行使过程中的“掌舵”与“划船”的分离。而监管职能与私法所有权职能的相互分离，又导致了公共领域的所有权发生了从“公法所有权”（public law ownership）到“私法所有权”（private law ownership）的转变。[2] 在我国，自然资源国家所有权在性质上无疑符合公共财产权的特征，属于公共财产权。由于自然资源国家专属性和政策工具的功能，监管与权利行使的分离表现为国家在保留物权法上所有权和保持其私权行使方式的同时，通过立法行为对资源利用人的事前规制，以体现公共意志。

3. 控制所有权和收入所有权理论

按照美国学者克里斯特曼提出的控制所有权和收入所有权理论，财产所有权可依其功能区分为控制所有权和收入所有权。控制所有权与财产拥有者的自主性直接关联，使其能够享有在自己的决定与他拥有所有权的状态之间穿行的权力；收入所有权则与市场性直接关联，主要是通过市场交易从财产获得收入的权利。[3] 据此，控制所有权的制度设置旨在解决社会成员在宏观社会结构之中的自主性问

---

[1] 刘剑文、刘桦宇：《公共财产权的概念及其法治逻辑》，载《中国社会科学》2014 年第 8 期，第 136 页。

[2] Ian Thynne. Ownership as an instrument of policy and understanding in the public sphere: trends and research agenda [J]. Policy Studies, 2011, 32 (3).

[3] [美] 克里斯特曼：《财产的神话：走向平等主义的所有权理论》，张绍宗译，广西师范大学出版社 2004 年版，第 221 ~ 223 页。

题，而收入所有权的制度设置旨在通过确立社会财富收益分配规则的方式，解决控制所有权的市场取得问题。[1] 控制所有权和收入所有权理论对于自然资源国家所有权意味着：第一，在资源稀缺的条件下国家所有者应利用所有权，确保每个社会成员对于生存自然资源享有平等的控制权，保证其作为社会存在的自主性。这种权能是所有者义务产生的，具有公共属性；在法律上具有公权力的规制效果。因为“行使收入权的后果太不确定、太多变化（甚至在相对固定的经济环境中），不足以使这些权利以系统的方式在功能上与自主相联系。”“如果保障一个人的自主取决于市场交易的后果，自主因此就会像这个人在市场竞争中的前景一样是流动的、变化的和不可预测的。”[2] 根据社会契约理论，社会成员把自己的一部分自然权利让渡给国家并转化为国家权力，国家则负有运用国家权力保障社会成员生存等人权的基本义务。在我国，国家所有权的控制权体现在协调自然资源在保护与利用、私人利益与公共利益之间的冲突及通过立法行为和行政干预展现的国家意志。第二，收入所有权意味着，财产利益是自然资源所有权的基本内容，是以私权方式行使所有权的外化结果。由于控制权具有国家保障社会成员自主存在的社会性功能，收入所有权受制于控制所有权，自然资源的公共利益与财产利益发生冲突时，自然资源的公共性优先于财产性，自然资源所有权的国家意志制约着经济利益的实现。

（四）自然资源国家所有权复合权利说的现实依据

1. 符合我国自然资源立法的制度路径

在大陆法上，自然资源的民法调整以公产和私产的二元区分为

---

[1] ［美］克里斯特曼：《财产的神话：走向平等主义的所有权理论》，张绍宗译，广西师范大学出版社2004年版，第302页。

[2] ［美］克里斯特曼：《财产的神话：走向平等主义的所有权理论》，张绍宗译，广西师范大学出版社2004年版，第297页。

特征。罗马法开创性地以属性和用途为标准，将自然资源区分为国家“公产”和国家“私产”，确立了以客体为标准的国家所有权分类规则。该分类规则相继被法国民法、意大利民法等大陆法系国家继受。《法国民法典》第538条使用的“公产”一词和第541条中使用的“属于国家所有”一词被视为法国民法区分国家公产和私产的标志。❶ 一般认为，在法律适用和司法管辖问题上，国家公产一般受公法支配，由行政法院管辖；国家私产一般受私法的支配，由普通法院管辖。❷ 法国1957年《国有财产法典》第2条规定：“国有财产中，由于本身性质或由于政府指定用途而不能作为享有私所有权的属于公产，其他的财产属于私产。”《意大利民法典》在详细地列举了国家公产类与私产类自然资源范围的同时，对调整国家公产与私产的准据法以及国家公产转化为国家私产的程序进行了明确的规定，即调整公产类自然资源的准据法主要是公法；而私产类自然资源受特别规则调整，只有在无另行规定的情况下，公法人才依据享有法律和具有法律效力的惯例所规定的权利（第11条）。《意大利民法典》第823条规定：“公产类自然资源主要通过行政手段和民法典规定的所有权保护的一般手段进行保护。”❸

新中国成立后，我国国家所有权立法并未采用罗马法所有权依客体分类调整的技术路径，而是在苏联立法的影响下，确立了根据所有制区分所有权主体的主体法规则，形成了国家自然资源所有权制度设计的路径依赖：第一，国家垄断了绝大多数自然资源的所有权。除农民集体享有有限的自然资源所有权之外，普通民事主体被

❶ 《法国民法典》第538条规定：“可航运、漂流的江河、海岸、海滩、港口与小港口、停靠锚地……不得具有私有财产权性质的法国领土之任何部分”为国家“公产”，该法又通过第541条“属于国家所有”一词对国家“私产”的存在进行了必要的“宣誓”。

❷ 王名阳：《法国行政法》，中国政法大学出版社1997年版，第305页。

❸ 《意大利民法典》第823条规定：“海岸、沙滩、海湾停泊处和港口、江河、湖泊以及其他依照法律规定属于公共所有的水源属国家公产类自然资源；其他类型的自然资源所有权，如国家森林资源的林木、矿藏等属于私产类自然资源。公产类自然资源主要通过行政手段和民法典规定的所有权保护的一般手段进行保护。”

排除于自然资源所有权的法定主体范围之外；国家作为所有权主体具有独特的地位，地方政府作为自然资源占有人享有事实上的经营权；在所有权实现方式上构建了以使用权出让为基础的多种资源利用制度。第二，按照国家财产的统一性原理，法律统一调整国家公产与国家私产。按照相关政策，全民所有自然资源是指宪法和法律规定的属于国家所有的各类自然资源，主要包括国有土地资源、水资源、矿产资源、国有森林资源、国有草原资源、海域海岛资源等。[1] 虽然现行改革政策试图区分自然资源的不同属性，但现行法律法规大多没有依照公益性和经营性等社会经济属性对各种自然资源资产进行合理分类，如生态用地、生态用水、生态林等，未能有效按照其公共、公益属性进行使用和监管。[2] 现行自然资源法中的“资产”一词在公产和私产意义上并无法律地位的区分。第三，由于自然资源的全民所有和资源利用传统的计划经济体制，资源立法出现了行政规则与民事规则混同，资源物权规范被大量的行政规范代替或者淹没的乱象；在权利行使上，我国自然资源所有权的排他性弱于大陆法系国家私产类自然资源的所有权，是一种以行政法规制为主的权利。例如，由于矿业权取得和转让的严格行政许可限制，《物权法》还没有确立其独立的用益物权地位，学界有观点主张矿业权属于准物权甚至是行政物权。[3] 因此，在我国，自然资源国家所有权解释的进路更应侧重于两点：其一，显化公共意志的自然资源所有权内在品格，定位公权力的边界；其二，强化私产类自然资源国家所有权私权主体的实体化构造。自然资源国家所有权的复合权利原理能够解释我国自然资源立法维护公共利益与市场效率的立法路径，形成路径依赖的制度效益。

---

[1] 国务院：《关于全民所有自然资源资产有偿使用制度改革的指导意见》国发〔2016〕82号，2016年12月29日。

[2] 王尔德：《自然资源资产应按公益类和经营类分类管理——专访全国人大环资委法案室副主任王凤春》，载《中国环境管理》2016年第1期，第21页。

[3] 崔建远：《准物权的理论问题》，载《中国法学》2003年第3期，第82页。

2. 符合自然资源国家管制的国际趋势

第17届联合国大会第1194次会议通过的《关于自然资源永久主权的决议》已明确规定，各民族和各个国家（peoples and nations）对本族的自然财富和自然资源享有永久主权，[1] 由此决定了国家对自然资源的最高控制权。对领土内自然资源享有民法上的所有权，则是国家对自然资源实施控制的一种符合逻辑的结果。由国家控制自然资源，不仅意味着国家对自然资源具有民法所有权人的对物的控制力，还包含着国家运用规制权实施的控制。最高控制权的国家意志表达就是健全立法和完善公共规制。在德国，学者莱耶（Layer）提出了所有权类型区分的学说，并根据基础的利益区分公法所有权与私法所有权。[2] 但是，依德国联邦宪法法院之见解，“民法法律制度，并不包含对所有权内容及其限制的终局性规定”[3]。对自然资源作出“终局性规定”的宪法规范指的基础性规范。《印度尼西亚共和国宪法》第33条规定：“土地、水及它们蕴藏的自然资源应当处于国家权力的控制之下，并且应当来实现人民的最大利益。”该国学界对此规定的“国家控制”内涵曾发生激烈的论争，最终宪法法院给出的权威观点是：“国家控制”存在于“公法、政治民主和经济民主”的《宪法》框架之内，印尼人民拥有最终的决定权力，进而对这些生产部门拥有集体所有权。[4] 由于民法上的“所有权”概念自身并不必然提供《宪法》序言中规定的人民福祉或者社会公正，因而它是不全面的。《宪法》第33条中的“由国家控制”具有比民

---

[1] The United Nations Resolution: Permanent sovereignty over natural resources [EB/OL], http://www.un.org/en/ga/search/view_doc.asp? symbol = A/RES/1803 (XVII), 2017-01-09. 2018年10月2日访问。

[2] ［德］格奥格·耶利内克：《主观公法权利体系》，曾韬等译，中国政法大学出版社2012年版，第70页。

[3] 税兵：《自然资源国家所有权双阶构造说》，载《法学研究》2013年第4期，第19页。

[4] ［英］艾琳·麦克哈格等主编：《能源与自然资源中的财产和法律》，胡德胜、魏铁军等译，北京大学出版社2014年版，第337页。

法所有权层次更高或者范围更广的意义。"如果'由国家控制'仅仅意味着民法意义上的所有权，那么这种控制并不足以实现'人民的最大利益'，从而导致《宪法释义》中阐释的'促进人民福祉'和'为印尼全体人民实现社会正义'的任务不可能实现。尽管如此……必须承认，民法上的所有权是国家控制的一种符合逻辑的结果，它还包含着人民对这些（自然）资产的来源的集体公共所有权。"❶ 根据对所有自然资源的人民主权以及对这些自然资源的公共所有权，政府通过颁发和撤销许可和特许权，行使国家的行政管理职能。人民代表会议行使立法权、政府通过政府法规，共同行使国家的监管职能。国家（即政府）行使国家的监督职能……从而确保国家对于这些资产来源的控制是真正地为了人民的最大繁荣而进行。❷

四、自然资源复合所有权原理对国有自然资源产权管理体制改革的应用意义

2017 年 1 月 16 日国务院印发的《有偿使用指导意见》指出："我国自然资源制度中所有权人不到位、所有权人权益不落实是制度改革的关键所在，"现行制度存在着"市场配置资源的决定性作用发挥不充分、所有权人不到位、所有权人权益不落实等突出问题"。《生态文明总体方案》提出：生态文明体制改革的方向是健全市场机制，更好发挥政府的主导和监管作用。生态文明体制改革的目标之一是构建归属清晰、权责明确、监管有效的自然资源资产产权制度。自然资源复合所有权的原理契合了自然资源产权管理体制改革的政策方向和理论内涵。在理论上，生态文明制度蕴含了生态与环境的公共利益和自然资源资产合理收益的私益性的多元价值，复合所有

❶ ［英］艾琳·麦克哈格等主编：《能源与自然资源中的财产和法律》，胡德胜、魏铁军等译，北京大学出版社 2014 年版，第 337～336 页。

❷ ［英］艾琳·麦克哈格等主编：《能源与自然资源中的财产和法律》，胡德胜、魏铁军等译，北京大学出版社 2014 年版，第 338 页。

权理论具有对其解释效力，可为国家实现自然资源开发利用的经济与社会政策提供法理支持。

（一）维护自然资源利用规制的公共利益

国家自然资源所有权复合权利中国家的意志体现为代表公共利益的立法行为和对资源利用的规制行为，在本质上是国家所有权人对资源终极的控制力。由于承载着维护资源权利的公平配置和自然资源使用权流转市场公平竞争的公共职责，国家规制过程应优先保障自然资源的公益价值。

在国家自然资源规制方面，现行自然资源管理体制改革应重点解决的问题是：第一，委托立法的部门利益问题。现行自然资源立法尽管已经形成了以单行法集合的“法群形态”，但是由于采用了委托授权的立法体制，受行政体制的制约，负责立法起草的行政主体很难自觉地统筹考虑资源整体性规律，而更多的是从本部门、本系统的利益出发，从各自的角度来设计保护、开发和管理相关资源的种种临时性措施，现有自然资源立法体系存在着对象交叉、内容重复、法律效力层次混乱、部门利益化、争夺执法权等现象。[1] 第二，规制权与经营权合一。依据现行法律规定，国家所有权由国务院代理，各级政府及有关资源管理部门具体行使资产管理和规制职责。自然资源行政规制和资产经营职能没有分离，政资不分，自然资源所有权缺乏相对独立的资产行使体制和机制。一些地方政府一方面为了获取资产收益忽视资源利用中的生态环境保护，另一方面又借行政权干预正常的资产出让和转让过程。从法理角度，代表公共利益的规制权属于公法规制范畴，与代表私人利益的财产经营权在理念和价值取向上无法融合，在自然资源所有权行使阶段的规制权与经营权合一，地方政府为追求财政利益经常发生选择性规制等寻租

---

[1] 孟磊、李显冬：《自然资源基本法的起草与构建》，载《国家行政学院学报》2018年第4期，第104页。

行为，国家所有权人的公共意志落空。

基于国家自然资源所有权的复合性原理，国家所有权的内在意志需确保公共利益的优先地位。据此，在自然资源管理体制改革中，第一，应当建立完善的自然资源法律体系，以便为自然资源单行法提供顶层的制度设计，为行政立法权提供立法依据，克服委托立法的寻租问题。在可行性上，为解决行政机构的“条块化”职权分割的现象，十三届人大一次会议通过了国务院机构改革方案，自然资源部整合了原国土资源部等 8 个部、委、局的规划编制和资源管理职能，为整合自然资源规制权提供了的主体条件。[1] 基于自然资源规制权合一的制度优势，以及经济发展、生态保护、资源利用的“多规合一”发展战略，国家立法机关应在基本法层面加快出台以空间规划为牵引的资源利用宏观调控立法，将资源可持续利用的自然资源国家意志转化为资源市场主体的私法行为。自然资源基本法应当确立以下基本制度：自然资源资产产权制度、体现“多规合一”的自然资源空间规划制度、自然资源用途管制制度、自然资源严格保护制度、自然资源节约集约利用制度。第二，区分自然资源所有者的权利和规制者的权力。《生态文明总体方案》提出，生态文明体制改革的原则是：“坚持自然资源资产的公有性质，创新产权制度，落实所有权，区分自然资源资产所有者权利和管理者权力，合理划分中央地方事权和监管职责，保障全体人民分享全民所有自然资源资产收益。”规制权与经营权合一现象，违背了自然资源所有权运行的不同阶段公共意志和私权意志区分的复合所有权原理。自然资源所有权与规制权分立的制度选择是，参照目前各地已经实行的以土地储备公司作为市场主体代行所有人自然资源资产处置权的模式，构建统一的资源储备法人主体，推进该主体的独立法人构

---

[1] 自然资源部职责整合范围还包括：国家发改委的组织编制主体功能区规划职责、住建部的城乡规划管理职责、水利部的水资源调查和确权登记管理职责、农业部的草原资源调查和确权登记管理职责、国家林业局的森林、湿地等资源调查和确权登记管理职责、国家海洋局的职责和国家测绘地理信息局的职责整合。

造，构建地方政府与国有资产管理机构、资源储备机构的民事委托关系。

（二）构建国家自然资源所有权行使的私权制度体系

虽然宪法确认了自然资源国家所有的原则，但现行的私法并没有对国家自然资源所有权规范作出具体的安排。

第一，《民法总则》没有规定国家的民事主体类型，全民所有既不具备主体的特定性，也不具备所有权支配效力和处分的自主性。从国家机关角度看，《民法总则》第96条将行使自然资源所有权的地方政府界定为特别法人，❶ 对此，学者从解释论出发有两种定性：一种是，鉴于民事主体公法化带来的不良后果的历史分析，仅承认国家为特殊民事主体，不承认国家机关的民事主体地位。❷ 另一种是，机关法人的特殊民事行为在本质上属于“私法形式的公共行政”❸。无论哪一种观点，都没有对地方政府作为事实上的自然资源权利人主体地位作出合理的解释。

第二，国家自然资源所有权关系还没有完全纳入物权的调整体系，而采用内部行政化的公法调整方式。《物权法》第九条规定：“不动产物权的设立、变更、转让和消灭，经依法登记，发生效力；未经登记，不发生效力，但法律另有规定的除外。依法属于国家所有的自然资源，所有权可以不登记。”根据1998年12月27日生效的国务院《行政区域边界争议处理条例》规定，地方政府间的土地边界等自然资源权属争议由上级地方政府依行政程序调处，而不适

---

❶ 《民法总则》第97条规定：“有独立经费的机关和承担行政职能的法定机构从成立之日起，具有机关法人资格，可以从事为履行职能所需要的民事活动。”

❷ 王春梅：载《潮流与现实的悖反：我国机关法人之定位与重构》，《北京行政学院学报》2016年第3期，第108页。

❸ 屈茂辉：《机关法人制度解释论》，载《清华法学》2017年第3期，第108页。

用私法救济程序。[1]

第三，自然资源的国家所有权统一性与地方政府权利行使的分散性之间存在矛盾。按照《物权法》第45条第2款规定："国有财产有国务院代表国家行使所有权；法律另行规定的，依照其规定。"该条规定表明，包括自然资源在内的国家财产由国务院统一行使所有权，统一性的含义是"国家所有权在借助各级政府部门的管理活动和实践时，各级政府部门并不是所有权的主体"[2]。由于享有法律上自然资源所有权的中央政府与占有资源的地方政府事实上存在的委托代理制和分级管理关系，国有自然资源资产往往被地方、部门所侵占，产生委托代理的风险。[3] 以矿产资源为例，由于其分布于全国各地，矿产资源市场由地方政府管辖和国家所有权由地方政府代理，在实践中，中央政府的矿产资源的真正占有者只能是隶属于中央政府的中央级矿山企业（国有）和地方政府管辖的地方级矿山企业（国有或者民营），由此产生地方政府因占有的排他性形成的资源支配优势。再加上矿藏品种的全民所有中央政府直接行使所有权与全民所有地方政府代理行使所有权的边界模糊，不可避免地发生地方政府越位、觊觎或者侵占国家资源利益的现象。

第四，自然资源用益物权的行政救济与民事救济混淆。《物权法》第57条规定："履行国有资产管理、监督职责的机构及其工作

---

[1] 《行政区域边界争议处理条例》第2条规定："本条例所称的边界争议是指省、自治区、直辖市之间，自治州、县、自治县、市、市辖区之间，乡、民族乡、镇之间，双方人民政府对毗邻行政区域界线的争议。"第3条规定："处理因行政区域界线不明确而发生的边界争议，应当按照有利于各族人民的团结，有利于国家的统一管理，有利于保护、开发和利用自然资源的原则，由争议双方人民政府从实际情况出发，兼顾当地双方群众的生产和生活，实事求是，互谅互让地协商解决，经争议双方协商未达成协议的，由争议双方的上级人民政府决定。必要时，可以按照行政区划管理的权限，通过变更行政区域的方法解决。"

[2] 王利明：《物权法论》（修订2版），中国政法大学出版社2008年版，第278页。

[3] 委托代理理论是经济学的分析框架之一。委托代理风险是指在委托人与受托人关系中由于信息不对称和激励问题，受托人的行为会发生逆向选择和道德风险等与委托人的利益相冲突现象。

人员，应当依法加强对国有资产的管理、监督，促进国有财产的保值增值，防止国有财产的损失；滥用职权、玩忽职守，造成国有财产损失的，应当依法承担法律责任。”但如何追究损害国有自然资源行为人的民事责任，立法并没有规定具体的程序。从形式上看，在绝大多数情况下，国家所有权依靠国家自身的强制力即可达成权利设定的目的，无须借助“官”告民的诉讼程序。但是，由于自然资源用益物权设立、地方政府之间所有权的行使往往借助合同等民事行为，行政主体必须通过对相对人的救济性请求权才能维护国有资产的支配利益和收益权。依2016年3月1日起施行的《最高人民法院关于适用〈中华人民共和国物权法〉若干问题的解释（一）》第1条规定，自然资源物权争议属于民事争议，可以纳入民事诉讼程序或者在行政诉讼中作为附带民事诉讼合并审理。[1] 2017年7月27日起施行的《最高人民法院关于审理矿业权纠纷案件适用法律若干问题的解释》虽然没有明确矿业权流转纠纷的民事性质，但明确适用民事规则解决矿业权流转、探矿权与采矿权确权纠纷。[2] 2017年7月1日修订的《行政诉讼法》第12条关于案件受理范围的规定：“（四）对行政机关作出的关于确认土地、矿藏、水流、森林、山岭、草原、荒地、滩涂、海域等自然资源的所有权或者使用权的决定不服的；……（十一）认为行政机关不依法履行、未按照约定履行或者违法变更、解除政府特许经营协议、土地房屋征收补偿协议等协议的。”由此，立法产生了自然资源物权争议民事与行政救济的

---

[1] 2016年3月1日起施行的《最高人民法院关于适用〈中华人民共和国物权法〉若干问题的解释（一）》第1条规定：“因不动产物权的归属，以及作为不动产物权登记基础的买卖、赠与、抵押等产生争议，当事人提起民事诉讼的，应当依法受理。当事人已经在行政诉讼中申请一并解决上述民事争议，且人民法院一并审理的除外。”

[2] 《最高人民法院关于审理矿业权纠纷案件适用法律若干问题的解释》第2条规定：“县级以上人民政府国土资源主管部门作为出让人与受让人签订的矿业权出让合同，除法律、行政法规另有规定的情形外，当事人请求确认自依法成立之日起生效的，人民法院应予支持。”第3条规定：“受让人请求自矿产资源勘查许可证、采矿许可证载明的有效期起始日确认其探矿权、采矿权的，人民法院应予支持。”

不确定性。司法实务对于救济程序的选择亦存在分歧。例如，2013年四川省彭州市通济镇吴亮亮诉彭州市通济镇人民政府返还乌木案中，[1] 重庆高级人民法院裁定驳回了行政相对人确认乌木所有权归属的民事请求；而2006年成都鹏伟实业有限公司诉江西省永修县政府及永修县鄱阳湖采砂管理工作领导小组办公室采砂权出让合同纠纷案中，原告的民事诉请获得了最高法院的支持。[2]

以自然资源国家所有权行使的私法方式原理为指引，完善自然资源产权制度的路径是：为自然资源国家所有权构建实体权利规范和权利救济的程序规范。

第一，确立地方政府分级行使所有权的合法地位。克服自然资源所有权行使的统一性与分权形成的利益冲突应从中央与地方的合作激励目标入手，采用明晰产权的私权路径是有效的解决之道，即

[1] 该案的基本案情是：2012年四川省彭州市通济镇村民吴亮亮在其承包地里发现7根价值数百万的乌木，后被彭州市通济镇人民政府以国家所有的名义收走。吴亮亮遂向成都市中级人民法院提起行政附带民事诉讼，请求法院确认通济镇人民政府从原告承包地中运走7根乌木的行政行为违法，并要求被告返还7根乌木、赔偿相关损失。2013年1月6日，成都市中级人民法院针对该案的程序性问题作出“乌木权属纠纷不属行政审判权限、吴亮亮不具原告资格”的裁定。原告提起上诉。四川省高级人民法院最终以“不存在平等主体之间的民事争议问题，被诉行政行为也非行政裁决行为，不符合行政附带民事诉讼的受理和审理条件”为由，判决驳回上诉人吴亮亮在审理行政案件的同时对乌木所有权争议一并审理的上诉请求。对于吴亮亮提出的其他三项诉讼请求，成都市中级人民法院以“吴亮亮上诉，二审结果同原告吴亮亮的其他三项请求有关，且本案涉及法律适用问题，需要送请有权机关作出解释或确认”为由，裁定诉讼中止。案件至今尚未恢复审理。熊浩然：《“彭州乌木案”续：省高院终审裁定村民败诉》《华西都市报》电子版，2013年6月16日，a03版。

[2] 该案的案件基本事实是：2006年，江西省永修县政府及永修县鄱阳湖采砂管理工作领导小组办公室（以下简称“采砂办”）以拍卖的方式将鄱阳湖永修县水域5、6、7、8号4个采区的采砂权出让给成都鹏伟实业有限公司（以下简称鹏伟公司），并签订了《鄱阳湖永修县6、7、8号采区采砂权出让合同》。合同履行过程中，由于江西省持续高温干旱等气候因素的影响，在合同约定的采砂期限内无法正常采砂，鹏伟公司因而诉请永修县法院解除其与永修县政府及采砂办签订的采砂权出让合同。该案历经民事一审、二审、再审程序，原告鹏伟公司的诉讼请求最终获得了最高人民法院的支持。见最高人民法院（2011）民再字第2号民事判决书。中国裁判文书网，http：//www.court.gov.cn/zgcpwsw/zgrmfy/ms/201310/t20131012_157553.htm 2018年9月18日访问。

承认地方政府的“区域产权”主体地位，从事实上的自然资源支配主体显化为法律上的支配权主体。因为，我国中央与地方政府已经完成了从“行政分权”到“经济分权”的根本性转变，在特定区域内对自然资源的占有权、经济权、收益权、管理权等排他性权利，形成了排他性权利集合。赋予地方政府与其管理事权相对应“区域产权”，才能消除中央与地方政府在资源产权归属和资源产权权利收益分配问题上无休止的博弈或讨价还价。[1] 根据《有偿使用指导意见》，从2016年开始，各地已经启动全民所有自然资源资产有偿使用试点，其基础工作是明确自然资源所有权权责，确立分级行使所有权主体，明确全民所有自然资源资产有偿处置的主体。按照国有自然资源使用权出让改革的政策要求，应合理划分中央和地方政府分级行使所有权的体制，明确全民所有自然资源资产的处置权限。因此，正在起草的《民法典·物权编》应确立地方政府所有权行使主体的法律地位，赋予其法定范围内对国有自然资源占有、使用、收益、处分的物权权能，以此构建和谐的自然资源所有权统一行使与地方分权的法律秩序。

第二，确认地方政府自然资源支配权的客体范围。《生态文明总体方案》提出，实行中央和地方政府分级代理行使所有权职责的体制。而中央与地方“分权”的实质是两者在行使国家财产所有权上的边界，即资源支配权客体的界定。根据《有偿使用指导意见》关于“组建对全民所有的矿藏、水流、森林、山岭、草原、荒地、海域、滩涂等各类自然资源统一行使所有权的机构，负责全民所有自然资源的出让等”的规定，《生态文明总体方案》提出，分清全民所有中央政府直接行使所有权、全民所有地方政府行使所有权的资源清单和空间范围。中央政府主要对石油天然气、贵重稀有矿产资源、重点国有林区、大江大河大湖和跨境河流、生态功能重要的湿

[1] 刘灿、吴垠：《分权理论及其在自然资源产权制度改革中的应用》，载《经济理论与经济管理》2008年第11期，第10页。

地草原、海域滩涂、珍稀野生动植物种和部分国家公园等直接行使所有权。按照物权法定原则，中央与地方资源支配权的客体范围属于物权效力内容，应以自然资源管理体制改革中编制分级权利行使清单为基础，在自然资源法中合理划分中央与地方自然资源支配权的客体清单，以便明晰各自的权利边界。

第三，构建地方政府自然资源排他性权利的物权保障体系。《生态文明总体方案》要求，健全自然资源资产产权制度，建立统一的确权登记系统。坚持资源公有、物权法定，清晰界定全部国土空间各类自然资源资产的产权主体。对水流、森林、山岭、草原、荒地、滩涂等所有自然生态空间统一进行确权登记，逐步划清全民所有和集体所有之间的边界，划清全民所有、不同层级政府行使所有权的边界，划清不同集体所有者的边界，推进确权登记法治化。正在起草的《民法典·物权编》应打破国有自然资源统一性的理论局限，将地方国有资源的物权边界、物权变动状态纳入不动产物权登记体系，并构建国有自然资源物权变动的公示制度规则。

第四，明确自然资源物权的确权和权利流转的民事案由和民事救济程序，尤其在国有自然资源权益遭受侵害时，苛以国有资源管理部门法定的救济义务。自然资源物权争议适用民事救济程序的意义在于，一方面，破解行政程序存在的内部性问题，强化对所有权行使主体的司法监督；另一方面，发挥恢复原状和填补损害的物权救济功能，维护国家和其他权利人自然资源的物权利益，促进受损资源的生态修复。

Repositioning the Property for the State Ownership of Natural Resources

Guo Jie

Content Summary: The key to improve the management system of natural resource property is to clarify property rights. The current legislative techniques adopted in natural resource legislation to adjust the ownership relationship comply with the differences of subject, which have formed such a problem in identifying the nature of natural resources' national ownership. Along with the insight into existing practice of the doctrine debate such as "public power theory" "private rights theory" "new public rights theory" and the operation of national ownership of natural resources in China, it is explicit that the traditional analytical framework of the distinction between public rights and private rights has been a tough problem in explaining the essential nature of national natural resource ownership reasonably. Based on the nature of legal acts regard to exercising ownership rights, the national ownership of natural resources should be a compound right with both public and private rights i. e. during the formation of national intention on the development and utilization of natural resources, it is governed by public regulations and is embodied in public rights. While in the realization stage of national intention, it is subject to private law rules and is expressed as private rights. The principle of compound ownership for natural resources fits the policy direction and theoretical connotation of the reformation on natural property right management system, acting as a guidance to the perfection of national natural resource property right system in China which should be based on the principle of achieving public interest pursuant to the public regulation system and the principle of exercising ownership right in accordance with the private regulation system.

Keywords: Natural Resources; National Ownership; Compound Right; Reform of Property Management System of Natural Resources

【实务研究】

地方金融监管问责机制研究

曾筱青[*]　王　颖[**]

内容摘要：构建地方金融监管问责机制是强化金融风险处置责任的有效手段。第五次全国金融工作会议明确提出，地方金融监管应在中央统一事权的前提下强化各地风险处置责任。目前，我国地方金融监管体制仅确立了“金稳会”机构设置以及地方政府对地方金融监管机构的问责机制，尚缺乏他项问责机制的体系性设计。基于监管者问责理念，金融监管问责需要在明确监管主体前提下确定监管目标，构建常态化回应交流平台，实现事前、事中、事后动态化问责，并通过配套立法为问责机制提供实体性和程序性保障，以此发挥地方金融监管问责机制的监管者治理和提高监管效率的作用。

关键词：地方金融监管　问责主体　监管问责　问责机制

---

* 曾筱青，中央财经大学法学教授；研究方向：经济法学。

** 王颖，中央财经大学在读硕士研究生，研究方向：金融法。

一、引言

中央在第五次全国金融工作会议上确立了地方政府在金融管理中的属地监管权，提出金融监管要在坚持中央统一事权的前提下强化各级地方属地风险处置责任。会议要求成立金融稳定发展委员会（以下简称金稳会）对地方金融监管进行指导、问责。2018年央行等九部委联手制定了《“十三五”现代金融体系规划》，再次明确金稳会要对地方各级金融改革发展与监管进行监督和指导，并明确了金稳会对金融监管部门和地方政府进行业务监督和履职问责，地方人民政府对地方金融监管部门问责的改革构想。由此，在中央政策部署推动下，各地政府逐步将深化地方金融监管体制改革列为工作重点。2019年10月以来，各地区纷纷挂牌成立地方金融监管局，并同时筹划制定本地区的地方金融监管条例。

在地方金融监管改革浪潮中，赋权问题在中央推动下已日趋明确。然而在完成赋权之后，各地政府手中的监管权应该如何行使，以及如何实现对地方监管权的“再监管”等问题，尚需进一步的制度安排予以解决。对上述问题的妥善解决已一定程度上引起了中央高层的关注，部分中央文件中已初步涉及在赋予地方金融监管权的同时也须压实风险处置责任，提出了对地方监管机构问责的基本思路。我国关于问责制度的讨论一直集中于行政问责领域，并有大量的行政问责实践。地方金融监管部门作为隶属于地方政府的公共管理机构，理论上也可以将其纳入行政问责的制度体系。然而，目前行政问责制度大多产生于政府的内发自觉，强调追究结果责任，尚未成为回应社会诉求的基本方式。[1] 同时，金融行业的特性要求金融监管者应保持专业性和独立性以避免发生监管俘获情形，这意味着需要进一步完善当前的行政问责制度以满足现实的问责需求。在理

[1] 余凌云：《对我国行政问责制度之省思》，载《法商研究》2013年第3期。

论方面，学者们关于地方金融监管的研究往往倾向于关注监管权力配置的问题，对于问责机制的研究还较为欠缺，这也使得人们对问责机制及其对金融稳定的作用尚处于感性认识层面。本文将从监管者问责理论出发，结合我国的制度实践，就地方金融监管问责机制的构建提出一些合理化建议。

二、监管者问责的理论简述

（一）何为“问责”

传统意义上对于“问责”的理解侧重于强调追究责任人的结果责任，此种理解更多的是基于“问责”字面词意的解释，但从制度和机制层面来看，“问责”并不仅仅意指“承担责任”。“问责”起源于人民主权和分权制衡理论，国外学者通常用“accountability”来指问责。有学者认为，问责是做出行为的人或机构向他人或其他实体，就其行为以及如何履行被赋予的职责，而进行披露、说明和证明合理性的过程。[1] 还有学者将问责的内涵概括为回应性和制裁性两个部分。其中，回应性是指政府官员负有公开并解释其所做出的行政行为、决策及后果的义务，制裁性是指政府官员因其失职行为应受到制裁。还有学者将问责制分为三个阶段，即角色担当、说明回应和违法责任，角色担当强调职权的划分，问责对象的角色必须是明确的，不能存在交叉混同的现象；说明回应强调责任人的回应和解释，要求构建一种常态化的、制度化的监管问责；违法责任强调在实际的法律责任追究过程中将事先确定的角色担当变成现实的否定性后果。[2] 世界银行专家组认为，行政问责是政府官员就其行政决

---

[1] Colin Scott, I 2000, “Accountability in the Regulatory State”. Journal of Law and Society, vol. 27, no. 1, pp. 38 ~ 60.

[2] 冯辉：《金融危机、国家治理与法治精神》，载《政法论坛》2017 年第 6 期。

策、行为、结果进行说明和正当性的辩护，并据此接受失责惩罚的过程。[1]

从上述学者和机构的观点可以看出，问责机制是一种超越违法责任承担的机制，强调的是过程而不是处罚结果。总结来看，问责机制是问责主体与问责对象的一种互动机制，其至少应包含四个方面的要素，即明确的监管目标、公开透明、回应以及制裁。首先，明确的监管目标是问责开始的前提和依据，缺乏明确的监管目标，问责主体的问责行为就缺少正当性，在法治国家监管目标是法定的；其次，公开透明是指问责对象要披露其行为过程，问责的成效很大程度上取决于信息披露的准确性和及时性；再次，回应要求问责对象要对其行为进行解释和说明，需要双方有良好的沟通，回应本身不仅是问责的一个过程，同时也包含了制裁因素，回应的过程有时足以达到警示对象并修正行为的效果；最后，制裁是问责机制有效性的最终保障，问责对象需要对其行为承担责任，这也是问责能够实现监督监管者、达到以儆效尤功能的原因。因此，问责机制应当是整个问责过程中各种制度化、程序化的问责手段和措施。[2]

（二）何为监管者问责

监管者问责不能脱离问责的基本概念，其与行政问责相类似，是金融监管领域进行金融监管治理和监督监管者的一种方式。

1. 监管治理及问责

监管者问责理论起源于“金融监管治理理论”，而金融监管理论本质上源于政府失灵。长期以来，金融监管被认为是弥补市场失灵、实现金融资源有效配置的手段，在这种思维下若想实现有效金融监管，必须建立在监管者“道德人”假设和监管者掌握完全的监管信

---

[1] 世界银行专家组：《公共部门的社会问责》，中国人民大学出版社2007年版，第13页。

[2] 曹鎏：《美国问责的探源与解析》，载《比较法研究》2017年第5期。

息这两个基础之上。这种理念在二十世纪九十年代最终被打破，随着西方国家经济进入“滞涨”阶段，监管部门出现了许多监管繁冗、效率低下的问题，加之公共行政运动引发对政府规制有效性的反思，监管者治理理念应运而生。

“所谓‘监管治理’，是指有效地管理资源，制定、贯彻并实施健全的政策和规章的能力，这是实现授权目标的基本职责；公众和国家对这些管理经济和社会且相互作用的制度之重视程度，可保护监管机构免受行业捕获和政治干预；监管机构对于更广泛的目标和立法机构相关政策的重视程度。”❶ 这种监管治理理念在金融领域的具体应用即为“金融监管治理”，基于金融市场的信息不对称、监管俘获的存在以及监管者的目标并不总与社会公众的利益相一致等原因，❷ 金融监管者在市场中的身份是“经济人”而非“道德人”，其本身存在自利的倾向，极易导致监管失灵，从而形成金融监管者治理的制度需求。

金融监管治理的目标在于提高监管的有效性，从治理监管者入手切实发挥监管的效用。对监管者实施问责是金融监管治理的一个手段，美国金融危机调查委员会的调查报告中曾明确将金融监管失效作为诱发金融危机的一个主要原因，而致使监管失效的诸多原因中包括了责任约束机制的缺失。❸ 巴塞尔委员会在《核心原则评估方法》中也将一国法律明确规定监管机构操作问责性作为评价该国遵守《有效银行监管核心原则》的必要标准。❹ 周仲飞教授将监管机构问责性的内涵界定为两个方面，一方面是对监管机构不当行为进行责任追究，另一方面是监管机构作为责任人向问责人就其履行

---

❶ 洪艳蓉：《金融监管治理——关于证券监管独立性的思考》，北京大学出版社2017年版，第6页。

❷ 龚明华、刘鹏飞：《监管监管者的理论基础及主要机制研究》，载《国际金融研究》2011年第3期。

❸ 曹鎏：《美国问责的探源与解析》，载《比较法研究》2017年第5期。

❹ 周仲飞：《银行法研究》，上海财经大学出版社2010年版，第87页。

职责做出解释。[1] 与前文所述问责的含义相似，监管者问责不仅包含事后的责任追究，还是一个公开的、动态的、持续的监督机制。

2. 可问责性与独立性的关系

谈及监管者问责必然无法避开监管者独立性的问题。关于监管者问责性与独立性的关系，学界存在两种观点：一种观点认为问责性与独立性是矛盾的，问责性过重会威胁监管机构的独立性，造成问责主体干预和控制问责对象；另一种观点认为问责性和独立性两者相互补充，问责是保障监管机构独立性的一种制度安排，设计合理的制度既能保证监管机构独立运转避免监管俘获，又能实现对监管机构的充分问责。[2] 事实上，认为问责性与独立性两者对立的观点存在三方面不足。其一，这种观点忽略了问责理论中问责对象监管目标的法定化问题，问责对象基于法定目标可以拒绝政府或其他问责主体的过度干预；其二，这种观点只关注到问责的制裁性而忽略了问责的公开性和回应性，问责机制要求被问责机构对其做出的决策、行为和后果向问责主体披露和解释的义务，不同于强制性的控制机制，监管机构并非只能服从，而监管过程的公开也可以防止利益集团的干预，有助于增强其独立性；其三，这种观点忽略了问责主体并非只能是政府部门。在监管者问责理论中，问责主体包括了立法机关、政府、司法机关、被监管机构，这种多元问责主体的制度设计使监管机构很难被控制。所以，监管独立性与问责性是相伴而生的，建立完善的问责制度可以保障监管者的独立性，有效解决监督监管者的问题，提高监管效用。事实上，监管机构的独立性过高容易造成监管过度、监管宽容以及监管协调失效，从而抑制金融创新或发生行业共谋等问题。因此，监管者独立需要问责制加以制衡。监管机构通过问责机制公开其监管过程，向问责主体解释其行为、决策及后果的正当性，从而增强监管机构行为的合法性和正当

[1] 周仲飞：《银行法研究》，上海财经大学出版社2010年版，第88页。

[2] 周仲飞：《银行监管机构问责性的法律保障机制》，载《法学》2007年第7期。

性，加强监管机构的独立性。

在地方金融监管制度的研究中，大多数文章都关注了我国地方金融监管部门（指金融监管办或金融监管局）存在独立性不足的问题。在我国财政分权和金融集权的背景之下，地方金融监管部门往往兼具监管和融资的双重功能，极易引发地方政府为融资而忽略了监管，造成过分干预经济或监管空白的问题。[1] 但在保障地方金融监管的独立性上，鲜有文章通过论证监管者问责制度来规范地方金融监管权，保障监管独立性提高监管效用，这也是本文的论述重点所在。

（三）小结

金融监管者问责理论从属于问责理论，在构建金融监管者问责机制时同样需要考虑前文问责机制所包含的四个要素，即明确的监管目标、公开透明、回应以及制裁。在地方金融监管的已有文献中，虽然有学者也注意到需要建立防止地方金融监管权被干预或滥用的程序控制机制，[2] 但总体来讲，在现代社会语境下，问责机制过多强调了监督功能，而问责与监督的关系在于：一方面，问责本身包含了监督的意思，其目的在于查证事实并查找证据；另一方面，问责机制能够通过公开对话来促进问责主体和对象之间的理解和认可，如此既能保证监管权力在法律框架下运行，又能增强权力运行的合理性，推动问责手段的不断完善。[3] 因此，发挥问责制度的公开性和回应性应当是当下构建问责制度的重点。

基于问责机制的公开性和回应性，金融监管问责不应当单纯强

---

[1] 参见刘志伟：《地方金融监管权的理性归位》，载《法律科学》（西北政法大学学报）2016 年第 5 期；尉承栋：《央地关系视角下地方金融监管权规制》，载《天津法学》2017 年第 2 期；王冲：《地方金融监管体制改革现状、问题与制度设计》，载《金融监管研究》2017 年第 11 期等。

[2] 刘志伟：《地方金融监管权的理性归位》，载《法律科学》（西北政法大学学报）2016 年第 5 期。

[3] 曹鎏：《美国问责的探源与解析》，载《比较法研究》2017 年第 5 期。

调追究监管机构或人员的财产责任，更重要的是建立一种覆盖事前、事中、事后全过程的动态问责机制。事实上，对于金融监管而言，事前、事中的问责远远比事后制裁要重要得多，因为再大的处罚力度也无法与其承担的职责相匹配，更难以补偿因其监管不力带来的巨大损失，特别在面对金融危机的情形时，事后追责并没有实质意义。[1] 因此，金融监管的重点在于防范风险和处置风险，这就使得金融监管需要更多事前、事中的防范机制而非事后的处罚机制，而建立法治化、常态化的金融监管问责机制恰恰与此相称。

金融监管问责机制应当是一系列的制度组合，其本质是监管监管者的一种机制，是对金融监管权的制衡。国外学者施蒂格利茨曾经归纳监管机构可问责性的衡量指标，其中包括了激励机制（监管政策目标和评估程序）、透明度、决策公开（参与）以及法定审查。[2] 由此可见，实现监管机构的问责很大程度上取决于一个合理的制度设计。

三、我国地方金融监管问责的文本述评

（一）文本梳理

我国自2003年银监会成立以来，金融监管权收归中央，基本形成了“一行三会”（现为“一行两会”）的中央垂直监管模式。2004年赋予省级人民政府对监管辖区内信用社的权力，开启了我国下放地方金融监管权的改革探索。从2008—2012年，地方金融监管权力不断扩大，国家陆续颁布了一系列文件授予地方政府对一些地方性金融机构的监管权。2012年以后，中央开始从宏观金融监管框架体

[1] 洪艳蓉：《金融监管治理——关于证券监管独立性的思考》，北京大学出版社2017年版，第188页。

[2] 马英娟：《监管机构与行政组织法的发展——关于监管机构设立根据及建制理念的思考》，载《浙江学刊》2007年第2期。

系层面强化地方金融监管权，在2017年第五次全国金融工作会议上首次提出强化监管问责，并在2018年的《“十三五”现代金融体系规划》（下文简称《规划》）中进一步予以明确。本文梳理了自初次地方监管权下放以来中央的一些重要文件以及其中与问责制有关的文本内容，详见表1。

表1　地方金融监管问责相关文件梳理

时间（年）	文件	明确问责	相关内容
2003	《国务院关于印发深化农村信用社改革试点方案的通知》	否	银监会受国务院的委托，对省级人民政府管理信用社的工作情况进行总结评价，报告国务院
2008	《关于小额贷款公司试点的指导意见》	否	无
2009	《国务院办公厅关于进一步明确融资性担保业务监管职责的通知》	否	国务院建立融资性担保业务监管部际联席会议，指导地方人民政府对融资性担保业务进行监管和风险处置
2010	《融资性担保公司管理暂行办法》	否	融资性担保公司由省、自治区、直辖市人民政府实施属地管理。省、自治区、直辖市人民政府确定的监管部门具体负责本辖区融资性担保公司的准入、退出、日常监管和风险处置，并向国务院建立的融资性担保业务监管部际联席会议报告工作
2012	《金融业发展和改革“十二五”规划》	否	完善地方政府金融管理体制发挥中央金融管理部门的指导、协调和监督作用，维护金融业改革发展战略、金融宏观管理政策、监管规则与标准的一致性和权威性

续表

时间（年）	文件	明确问责	相关内容
2013	《中共中央关于全面深化改革若干重大问题的决定》（十八届三中全会）	否	落实金融监管改革措施和稳健标准，完善监管协调机制，界定中央和地方金融监管职责和风险处置责任
2014	《国务院关于界定中央和地方金融监管职责和风险处置责任的意见》	未公开	机密文件未公开
2017	《第五次全国金融工作会议》	是	设立国务院金融稳定发展委员会，落实金融监管部门监管职责，并强化监管问责
2018	《“十三五”现代金融体系规划》（下文简称《规划》）	是	1. 金融管理要按照中央统一规则、地方实施监管，谁审批、谁监管、谁担责。省级人民政府是防范和处置非法集资的第一责任人 2. 《规划》提出健全对监管者的问责制度，金稳会对金融监管部门和地方政府进行业务监督和履职问责，地方人民政府对地方金融监管部门问责

（二）现有规定评述

从上述文本内容来看，中央对地方金融监管的制度设计呈现出两个趋势：其一，从关注微观层面的区域金融机构、金融行为到关注宏观层面的地方金融监管；其二，从侧重赋权到关注对地方监管权的管理，并明确地方金融监管部门的责任。具体而言，从地方监管权的管理来看，在2003年下放监管权的同时，中央已经注意到对地方金融监管权的管理，但并未将其作为地方金融监管工作的重点，比如在信用社改革试点中要求银监会对省级人民政府的工作进行

“总结评价”，在《融资性担保公司管理暂行办法》中要求省级人民政府向部级联席会议“汇报工作”，在“十二五”规划中要求发挥中央金融管理部门的“监督作用”。总体而言，这一时期的文件并未对如何汇报监督进行更多细致的规定，同时文件内容也侧重于赋权，未涉及建立监管问责机制。直到2017年，“问责”一词才开始出现在中央文件中，并通过《规划》进一步明确，《规划》明确了金稳会享有对金融监管部门和地方政府问责的权力，地方政府享有对地方金融管理部门问责的权力。

不难发现，中央已经逐渐重视对地方监管者“再监管”的重要性，并通过文件明确了地方金融监管部门的问责主体。目前，我国地方金融监管问责机制依旧处于空白状态，金稳会权力行使机制亦缺乏具体制度规制的引导。此外，就《规划》的性质而言，其属于纲领性的政策文件，仍然需要在法律层面明确金稳会的法定职责，通过一系列的法律安排构建法治化的问责机制是地方金融监管的重点。

（三）地方金融监管问责的必要性

1. 地方监管失灵

伴随我国地方金融监管实践和金融创新的飞速发展，监管失灵的问题日益凸显。地方金融监管失灵主要表现在两个方面：其一，地方金融监管部门混同“发展”功能和“监管”功能产生的监管缺位。中央一方面希望通过财政分权来激励地方经济增长，另一方面又通过金融集权来抑制可能出现的过度竞争。长期以来，地方政府承担着地方基础设施建设、行政管理、维护治安等多方面的任务，地方政府需要通过金融干预来实现隐性财政进而达到融资的需求。[1]无论增加税收、促进就业抑或是支持实体经济，金融业都发挥着不

[1] 肖韵：《中国金融监管消极竞争的法律规制研究》，清华大学出版社2017年版，第95页。

可替代的作用。在地方利益驱动下，地方金融监管部门实际发挥着促进地方金融发展的职能。在中央授权之后，虽然监管部门的职责有向监管职能转向的迹象，但仍旧偏重于管理职能，其关注点主要在准入端，而在日常监管和风险防范方面长期缺位。职责定位偏颇及机构目标异化不可避免地导致了地方金融行业无序发展，不断积累的金融风险埋下了区域性风险的隐患。其二，新兴金融业态存在监管空白。随着互联网金融的发展，新的金融业态突破了传统行业和地域限制，在缺乏中央统一安排的情况下，各地监管差异化明显，极易形成监管洼地。而互联网金融实际上有着“收益本地化、风险外部化”的特点，极易催生地方保护主义。P2P 平台频频暴雷以及云南泛亚等事件都说明地方金融监管存在失灵现象，因此需要监管治理。

2. 中央统筹的需要

地方金融监管问责不仅涉及地方监管机构职责的问题，同时也涉及中央统筹和整体设计的问题。金融行业具有高风险性、风险传播快以及社会公共性的特点，因此金融监管权只能归属于中央，而地方的监管权只能是来自中央的授权，[1] 这也是在金融监管领域要坚持中央统一事权的原因。因此，地方金融监管不能脱离中央的统一监管而单独存在，其只能是中央金融监管权的延伸。如果允许将金融监管权完全下放给地方，由于地方监管资源有限及监管机构理性经济人的特性，地方监管者会为追求自身利益或实现自我偏好，出现与中央宏观调控目标不一致或形成区域间“逐底竞争”等弊病，极易引发区域风险或系统性风险。同时，地方金融的地方性决定了中央需要赋予地方政府一定的监管权力，而地方金融的金融性又决定了地方金融不能完全由地方掌控和管理。[2] 因此，地方金融监管需

[1] 尉承栋：《央地关系视角下地方金融监管权规制》，载《天津法学》2017 年第 2 期。

[2] 刘志伟：《地方金融监管权的理性归位》，载《法律科学（西北政法大学学报）》2016 年第 5 期。

要中央宏观统筹，而中央对地方常态化的问责机制是实现这一目标的有效手段。

四、我国地方金融监管问责机制的构建路径

如前所述，当下我国地方金融监管失灵的问题较为普遍，问责机制是解决监管失灵、实现金融监管治理的有效方式，而目前我国地方金融监管问责机制依旧处于空白状态，在中央规划指导下，如何构建问责机制是一个亟待解决的问题。

（一）明确问责主体

虽然《规划》中明确了地方金融监管部门的具体问责机构，但仅就金稳会而言，其对地方政府和监管部门的问责权力应当来源于国务院的授权，当下仅仅基于会议精神或是相关政策不足以为其问责提供法理支撑。此外，当前监管问责涉及范围较为狭窄，主要停留在行政体系内部的同体问责，具体是上级对下级的问责，尚需建立完整的问责机制。❶

理论上讲，一个完整意义的问责机制应包含立法机关问责、政府问责、司法问责和被监管机构问责。在地方金融监管问责的具体问题场域，金稳会与地方政府对监管机构的问责应归属为政府问责，其余“立法机关问责”主要指中央和地方各级人大对监管部门的问责，表现为事前的法规制定和事后的质询监督。由于金融监管本质上是对公共产品的管理，因此监管部门要对代表人民利益的各级人民代表大会负责；“司法问责”主要指法院审查监管部门的监管行为是否合法；“被监管机构的问责”是指法律应建立机制保障被监管机

---

❶ 刘志伟：《地方金融监管权的理性归位》，载《法律科学》（西北政法大学学报）2016 年第 5 期。

构对监管机构的履职发表自己的意见，了解监管过程，[1] 主要通过监管机关公开监管活动来实现。就这四种问责方式而言，司法问责在我国尚未明确，监管行为是否可以纳入行政复议和行政诉讼的范围尚存疑问。被监管机构的问责在具体问责制度尚未成熟之前也较难实现。在立法机关问责层面，一方面，人大通过立法来确定监管机构的设立、决定监管机构的目标和职责；另一方面，金融监管部门通过政府工作报告向地方人大汇报工作并接受地方人大质询监督。立法机关问责为其他形式的问责提供了制度保障，但也存在不可避免的滞后性，立法机关的问责是未来构建问责机制的重点之一。“政府问责”在当下表现为金稳会和地方政府的问责，一方面，地方金融监管部门自身虽具有独立性，但实际上其隶属于地方政府，地方政府对本地区金融稳定和金融发展承担最后责任，中央也将最后的风险处置责任下沉到地方政府，地方政府理所应当对监管机构的问责负主要和直接责任；另一方面，我们倡导构建的问责机制是一种日常机制，相比其他的问责形式，政府问责更易接触到监管行为，更易实现常态化的问责，同时金稳会的建立也为问责的专业性提供了保证。因此，政府问责是构建地方金融监管问责机制的重点，而金稳会的职责尚需高位阶法律予以明确。

（二）监管职责法定化

监管是一种公共事务的管理权，在法治国家，监管职责需要以法律形式予以明确，通过法律授权使监管权力正当化，保证监管机构的独立性。明确的监管职责是评估地方金融监管机构问责性的依据，问责主体通过考察监管机构是否实现其监管目标、完成监管职责而实现对其问责。

在我国地方金融监管实践中，主要有设定监管职责的两种方式：其一，通过地方金融监管条例规定。如《河北省地方金融监督管理

[1] 周仲飞：《银行法研究》，上海财经大学出版社2010年版，第97～104页。

条例》将监管目标规定为“加强地方金融监督管理，防范和化解金融风险，维护金融稳定，促进地方金融健康发展。”同时要求“地方金融监督管理工作应当坚持促进发展与防范风险相结合，遵循积极稳妥、安全审慎的原则，着力构建现代金融监管框架，推动金融服务实体经济，发挥市场在金融资源配置中的作用，促进经济和金融良性循环、健康发展。”其二，在尚未颁布地方金融监管条例的地区，监管职责一般通过地方金融监管部门官网公示说明。例如，北京市地方金融监督管理局在其官网上将具体职责表述为：“负责强化地方金融监管职责，防范化解金融风险，继续履行金融服务发展职能，进一步夯实金融强监管、防风险、促发展工作。围绕服务实体经济、防控金融风险、深化金融改革三大任务，切实加强金融监管。”[1] 就这两种方式而言，监管职责的明确需要得到法律的确认，仅通过网站说明并不足以成为问责的依据，而通过地方监管条例的方式明确职责是较为理想化的做法。但这种方式也存在一些问题：一方面，根据《立法法》的规定，我国金融基本制度属于法律保留事项，因此，地方金融监管权只能由法律予以明确。虽然国务院目前已经明确地方对“7 +4”类金融机构和“两非领域”的属地监管权，但并未经法律确认。另一方面，从地方监管条例的规定来看，防范风险与发展经济仍是地方监管部门的两大工作重点，当前政策文本并未对两者做明显区分，无法突出监管部门的主要监管职能。

因此，监管职责法定化的过程还需要中央立法和地方立法的共同努力。问责机制实质是监管权的制衡机制，而实体法对权力控制的方式主要包括法律保留原则和授权明确原则。[2] 具体而言，在地方金融监管领域，中央层面需要通过全国人大制定高位阶法来明确地方金融监管的范围，明确权限划分，为制定地方金融监管目标、职

---

[1] 北京市地方金融监督管理局，载 http：//www. bjjrj. gov. cn/gzdt/c12 – a2973. html，2017 年 1 月 6 日访问。

[2] 周仲飞：《银行法研究》，上海财经大学出版社 2010 年版，第 92 页。

责确定宏观范围和指明方向，并要求地方政府加快制定地方性法规；地方层面通过地方金融监管条例进一步细化地方政府的监管目标与职责，在不违反中央总体目标的前提下，根据本地区金融业发展的特点以及区域风险预防的重点等个体化情况，具体设定适合本区域的监管目标和监管职责。同时，作为问责的依据之一，地方金融监管条例制定完成之后要报金稳会备案，以确保问责主体对监管机构的常态化问责。

此外，仍需要强调的是，在进行制度设计时需要权衡不同的监管目标，确定监管目标的优先顺序。发展与监管的矛盾一直是地方金融监管中的突出问题，面对金融业在自身发展和支持实体经济方面的积极作用，加上防范风险并非是一个易于考核的指标，监管部门往往会忽略其防范风险，而维护金融稳定的职责仅仅是追求发展的目标。因此，应突出地方监管部门在防范风险和维护金融稳定方面的积极作用，将“监管”作为地方金融监管机构的首要职责。

（三）建立健全监管者问责实施办法

我国并没有一部统一规定问责原则、内容、程序的法律。中央层面银监会（今银保监会）曾颁布两个关于银行业具体领域的问责文件，即《银行业金融机构信息系统安全保障问责方案》和《银行业金融机构案件问责工作管理暂行办法》，其适用的范围也极其有限。地方层面，部分地区人民政府（如湖北、哈尔滨、北京）通过颁布《行政问责办法》规定了行政问责的情形、方式适用及程序。在地方金融监管问责的具体场域，根据《规划》的精神，金稳会和地方政府均有权对监管部门实施问责，其中地方政府对监管部门的问责可以纳入到地方政府颁布的《行政问责办法》当中，但中央对地方问责尚缺乏相关法律规定。同时，从现有的地方行政问责办法来看，其适用对象主要针对传统行政部门，并未考虑到金融监管部门，且重点在事后的制裁与惩罚，未能体现问责机制的完整性。相比于其他领域，金融行业所具备的高风险性和高传染性，以及互联网金融下投资者门槛降低、金融交易频繁的特点，要求地方金融监管机构应更注重行为监管和监测日常风险。在此基础之上的问责应是一个常态化的机制，而不应局限于结果问责的单一维度。就监管机构的责任而言，由于监管机构是基于监管专业性的需要而产生的，地方监管机构将会裹挟部分科学性、技术性的责任内容，而这些责任不同于其他行政机构的责任。于此，需要完善地方行政问责办法，在地方行政问责办法与国务院颁布的金融监管问责办法存在冲突时，应当根据《立法法》的规定做出合法的选择。

通过立法方式建立健全监管者问责实施办法。首先，需要由全国人大制定法律或国务院制定法规为问责提供保证。一方面，法律可以为金稳会的问责工作提供法律依据，另一方面，中央的制度安排可以避免地方政府过度问责和削弱监管部门独立性或监管俘获等问题。其次，在规范内容方面，一是要实现相关规则系统化，中央和地方都要进一步明确归责原则，增加具体操作的规定，明确启动问责的标准，细化监管机构责任；二是要确立监管机构的强制披露义务，公开其监督管理活动。其中披露信息的形式和内容应该由法律明文规定，不应交由监管机关自由裁量。[1] 同时，将地方监管机构活动纳入政府信息公开的范围，制定权力清单；三是在问责原则中引入“成本—收益”理论。“成本—收益”理论是从监管效率的角度约束监管者的行为，讲求用最低的监管成本实现收益的最大化。[2] 明确的监管目标和监管职责为问责提供了一定依据，但是这些规定仍无法计量监管标准，如果能够利用“成本—收益”分析对监管行为进行合理评估，那么问责主体就能够对监管机构的行为有更加直观的衡量，以实现监管监管者的目的。

---

[1] 周仲飞：《银行法研究》，上海财经大学出版社2010年版，第105页。

[2] 龚明华、刘鹏飞：《监管监管者的理论基础及主要机制研究》，载《国际金融研究》2011年第3期。

（四）建立常态化问责机制

不论是行政领域还是金融监管领域，我国目前还没有构建常态化的问责机制。在监管者治理理论下的问责制，强调监管者对监管行为的解释、说明、证明的正当性。相比于事后问责，我们期望建立一个常态化问责机制，最理想的状态是“问责机制能够通过其前期的公开以及说理过程，充分达到让问责对象忏悔并修复损害的程度，甚至使正式的制裁手段变得不那么必要了。”[1] 这就要求问责双方要建立一个信息沟通交流的机制，传统方式可以通过要求监管机构向问责主体定期汇报工作、定期评价监管机构的履职行为或者金稳会向地方监管机构派驻代表等方式实现日常问责。在大数据背景下，问责主体可以考虑通过应用大数据平台，建立信息共享机制来实现信息的沟通和交流。同时，可以将地方金融活动信息和监管信息数据化标准化，利用人工智能语义识别系统理解数字化的问责标准，当达到问责标准时系统可将信息传达给问责主体，由监管部门对其行为、决策做出解释。但监管科技的应用还在探索阶段，美国证券交易委员会正在探索通过机器学习的方法来预测投资者行为，期望发现潜在的欺诈和监管部门渎职的行为。[2] 将监管科技应用于监管监管者领域也是建立常态化问责机制的一个新思路。

五、结语

在全国第五次金融工作会议和《“十三五”现代金融体系规划》中均明确规定对地方金融监管部门进行问责的改革思路，如何进一步落实问责机制则是当下需要重点考虑的问题。基于监管者失灵以

---

[1] 曹鎏：《美国问责的探源与解析》，载《比较法研究》2017年第5期。

[2] 杨宇焰：《金融监管科技的实践探索、未来展望与政策建议》，载《西南金融》2017年第10期。

及中央统筹的需要，构建地方金融监管者问责机制具有非常重要的意义。根据监管者问责理论，地方金融监管问责机制在明确问责主体和对象的基础上仍需系统性的制度安排，应建立包含明确的监管目标、公开透明性和回应性制度以及事后的制裁制度。本文就明确问责主体、监管目标法定化、健全问责立法、构建常态化的问责机制等方面提出部分制度建议。实践当中仍存在许多亟待解决的问题，比如如何设计问责标准、金稳会的问责范围、金稳会是否拥有问责法规制定权等，更加完整细致的问责机制尚需进一步细化研究。

Study on the Accountability Mechanism of Local Financial Supervision

Zeng Xiaoqing　Wang Ying

Abstract: The fifth national financial work conference made it clear that local financial supervision should strengthen the responsibility for disposal risk all regions under the premise of unified authority of the central government. The local financial supervision accountability mechanism is an effective means to strengthen the responsibility for disposal risk. China has determined the accountability subject status of Financial Stability Development Committee and local governments according to the central programmatic document. However, It also lacks other related accountability mechanisms. Operation of accountability mechanisms need a series of system design to cooperate based on the theory of regulators accountability. Achieving financial supervision accountability needs to set a regulatory goal, and building a normalized response communication platform in the whole process under the premise of clear regulatory agencies. Meanwhile, making a relevant law to provide substantive and procedural security for accountability mechanism so that the local financial supervision accountability shall play an effective role in governing regulators and improving the regulation efficiency.

Keywords: Local financial supervision; Accountability subject; Regulatory accountability; Regulatory accountability theory; Accountability mechanism

股权质押未登记责任承担的实证分析

郑远民[*]　赵　冰[**]

内容摘要：《物权法》第226条规定，股权质权自办理出质登记时设立，但并未规定未办理出质登记时股权质押问题如何处理，司法实践中对此观点不一。依照《物权法》的规定，未办理出质登记的股权质权并未设立，出质人无需承担担保责任。然而在司法实践中，判令出质人担责的案例并不鲜见且理由各异，由此滋生"同案不同判"的现象。为此，应建立统一的裁判规则，即若未办理登记系因出质人过错造成的，出质人应依照约定承担违约责任；没有约定的，出质人应在出质时质押股权的价值范围内对债务不能偿还部分承担补充清偿责任。

关键词：股权质押　未登记　《物权法》第226条　责任承担

自股权质押制度确立以来，在盘活股权资源、拓宽融资渠道等

---

[*] 郑远民，湖南师范大学法学院教授、博士生导师、法学博士，主要研究方向：民商法、国际法。

[**] 赵冰，湖南师范大学法学院民商法研究生，主要研究方向：民商法。

方面发挥了巨大作用，近年来其重要性日益凸现。根据我国《物权法》第226条第1款的规定，股权质押的形式要件除当事人签订书面合同之外，还需到证券登记结算机构或者工商行政管理部门办理出质登记。然而，大量未办理股权出质登记的情形在实践中普遍存在。对此，我国法律仅规定股权质权自办理出质登记时设立，并未就如何处理未办理股权出质登记的“质押股权”作出规定。当前实践中有关股权质押的矛盾日渐突出，进入司法程序的案件数量激增。其中，未办理股权出质登记时出质人应否担责以及如何担责的问题，属于此类案件中矛盾尖锐、处理棘手的争议焦点，法院对此并未形成统一意见。基于此，笔者以“无讼数据库”作为检索范围，检索到涉及“未办理股权质押登记时的责任承担”问题的百余份裁判文书，并对检索结果进行统计和分析，总结此类案件的司法裁判经验，以有效防止“同案不同判”的司法现象，并为发展与完善股权质押制度奠定基础。

一、“未办理股权质押登记”案件的基本情况

（一）数据来源及分析

以“股权质押未登记”“未办理股权质押登记”作为裁判文书中“本院观点”的搜索关键词，在无讼案例库中检索到截至2018年的裁判文书共计269份。由于是以不同关键词进行检索，故检索结果存在重复，且未涉及“未办理股权质押登记时的责任承担”问题的裁判文书，将此部分剔除后剩余裁判文书100份。本文对该100份裁判文书进行数据统计后，具体情况如下。

1. 案件裁判年份分布情况

所检索到的100份裁判文书在裁判年份上的分布情况为：2010年1份、2012年1份、2013年4份、2014年7份、2015年14份、

2016年46份和2017年27份。100份裁判文书主要集中于2015年至2017年，从2010年到2016年，与该纠纷相关的案件呈递增状态。其中，2016年法院作出裁判文书为46份，接近检索总数的一半，同比2015年增长了2倍多；2017年的案件量出现下降，相关裁判文书只有27件。总体而言，此类案件在数量上呈现增长趋势。

2. 案件地域分布情况

在地域分布上，100份裁判文书覆盖全国大部分省份。具体来说，上海的裁判文书量遥遥领先，为19份，四川8份，北京、浙江和贵州各6份，吉林、江苏、河南和湖北各5份，福建、广东和云南各4份，黑龙江、陕西、湖南和重庆各3份，江西和安徽各2份，剩下的海南、广西、宁夏、陕西、山西、天津和山东各1份。在地域分布上并无特别规律可循，除西北地区外，其他地区都有涉及"未办理股权质押登记时的责任承担"问题的案件，表明该类案件具有普遍性。

3. 案由分布情况

从案由分布来看，100份裁判文书主要系借贷纠纷，共67份，包括民间借贷纠纷、企业借贷纠纷、借款合同纠纷、金融借款合同纠纷和小额借款合同纠纷。案由分布情况表明，涉及"未办理股权质押登记时的责任承担"问题的案件多发生于民商经济活动中。股权质押作为担保方式之一，可为当事人经济交往中的融资行为提供保障，由此引发的纠纷必将涉及股权质押问题。

4. 审理法院层级与审判程序分布情况

在100份司法裁判文书中，最高人民法院1份，高级人民法院12份，中级人民法院超过总数一半，为52份，基层人民法院35份。因此，案件虽主要集中于中级人民法院和地方基层人民法院，但超过3/4的案件进入中级以上法院审理，说明此类案件纠纷较大、矛盾突出或者案情复杂。

从案件适用的审判程序来看，虽然检索结果中适用一审程序的案件数量居多，文书数量达60份，但是适用二审程序作出的裁判文书比例也不小，为31份，以其他程序作出的裁判文书有9份（包括再审程序4份和执行程序5份）。该数据表明，适用二审程序的案件达到适用一审程序的52%，进一步印证了司法实践中该类案件的复杂性。

（二）法院观点及裁判情况

100份裁判文书中关于“未办理股权质押登记时，出质人是否应当承担责任”问题的处理，法院认为“出质人应承担责任”的裁判文书有36份；与之对应，法院认为“股权出质人无须承担责任”的文书有64份。由此直观反映出在未办理股权质押登记情况下，多数法院更倾向于认定股权出质人无须承担责任。

在某些情况下，即使法院认定未办理股权质押登记的出质人应承当责任，但在作出判决时，股权出质人是否应当承担责任须根据具体案情进一步判断。在100份司法裁判文书中，尽管法院在裁判文书“本院认为”说理部分，关于“未办理股权质押登记时，出质人应否承担责任”这个问题持支持观点的有36份，但是由此判定出质人应承担责任的文书却只有34份。

根据法院的观点以及裁判情况，尽管《物权法》明文规定股权质押自办理出质登记时设立，但仍有36%的法院认为，在未办理股权质押登记时出质人应承担责任，且34%的法院因此作出担责判决。这说明在“未办理股权质押登记时，出质人应否承担责任”这一问题上，司法实践中没有统一定论。

二、法院判决情况及其分析

上述100份裁判文书中，法院对于“未办理股权质押登记时的责任承担”问题的观点主要分成两类：一是即使未办理股权质押登记，出质人也须承担相应的责任；二是按照《物权法》第226条之规定，未办理股权质押登记质权未设立，出质人当然不承担责任。在判决说理时，法院的阐述也各不相同，比如法院认为出质人需要承担责任，但是有的是承担违约损害赔偿责任[1]，有的是承担担保责任；[2] 有的判决承担补充清偿责任，[3] 有的判决承担连带清偿责任。[4] 所以，研究“未办理股权质押登记的责任承担”问题，重点在于研究分析司法实践中法院的观点和理由。

（一）判决出质人担责的观点分析

100 份裁判文书中判决出质人承担责任的只有 34 份，但这 34 份文书在审理法院层级、适用的审判程序以及判决担责的类型等方面存在差异，且此方面数据与在检索结果总量中的占比也存在出入。

1. 审判程序分布情况

34 份判决担责的文书中，适用一审程序的 14 份，占比约 41%；适用二审程序的 17 份，占比 50%；适用其他程序的 3 份（其中再审 1 份、执行 2 份），占比约 9%。可见，在所有法院判决担责的文书中，一半以上是二审裁判文书。与裁判总量在审判程序上的分布相比，适用其他程序的案件占比不变，适用二审程序的案件占比上升，适用一审程序的案件占比下降。由此反映，上级法院比下级法院更倾向于认定“未办理股权质押登记时，出质人应承担责任”。当然，这离不开二审程序本身更细致、更谨慎的特点，它不仅关注法律条文本身的规定，也更关注当事人之间的意思自治和利益平衡等因素。

---

[1] 此案法院认为出质人应当承担违约责任或损害赔偿责任，详见（2016）沪 01 民终 5703 号民事判决书。

[2] 此案审理法院认为“虽双方当事人未办理股权质押登记，股权质押未设立，出质人仍应当按照约定承担相应的连带保证责任”，详见（2017）黔 23 民初 45 号民事判决书。

[3] 此案一审法院认定“出质人应当在质押股权价值范围内承担补充清偿责任”，详见（2014）泰中民终字第 0415 号民事判决书。

[4] 此案法院认定出质人在质押股权价值范围内，对债务人应付债务承担连带清偿责任，详见（2016）京 02 民终 4765 号民事判决书。

2. 判决担责的责任类型

不仅是在“未办理股权质押登记时，出质人是否应担责”的问题上法院的观点存在分歧，而且在“承担何种责任”这个问题上法院之间也意见不一。在34份担责判决中，法院判决出质人的责任主要分为四类：笼统的赔偿责任、连带清偿责任、补充清偿责任和笼统的担保责任，均是在质押股权价值（或者约定的担保额）内对债务人所负债务承担的责任。统计结果显示，法院判决出质人承担笼统赔偿责任的裁判文书数量最多，有14份，占比约41%；承担连带清偿责任的8份，占比约23%；承担补充清偿责任的7份，占比约21%；承担担保责任的5份，占比约15%。

其中，连带责任是指责任人一方为多数，各责任人对外不分份额向权利人承担全部责任；补充责任是指责任人的财产不足以承担其应负的责任时，由有关的人对不足部分予以补充的责任，❶ 二者实质不同。经整理，在法院作出的四种判决中并不存在可以探寻的潜在规律，这种司法实践中的乱象，主要是由法律规定不完善和司法裁判不统一造成的。

3. 判定出质人承担责任的理由

由于《物权法》第226条第1款明确规定，股权质押自办理出质登记时设立，所以法院在认定出质人承担责任尤其是承担担保责任时确实顶着一定的“压力”，因此，在判定出质人承担责任时，法院必须进行有力的说理阐述。尽管存在上述四种承担责任的类型，但是经统计分析发现，法院判定出质人承担某一责任类型并非出于特定的理由，这四种责任的裁判理由是相互交织的。具体而言，判定出质人担责的理由主要存在以下五种情形。❷

（1）出质人过错。通常情况下，未办理股权出质登记的原因在

---

❶ 魏振瀛主编：《民法》，北京大学出版社、高等教育出版社2013年版，第43页。

❷ 由于部分裁判文书是基于两种或者以上原因而作出的，所以此处统计数据大于担责判决的基数34份。

于当事人的疏忽，所以“过错”即法院认定“未办理股权质押登记时，出质人是否因此担责”的因素之一。追根溯源，以出质人存在过错为由判令其承担责任的法理基础在于：任何人不得基于其错误行为而受益。在34份判决担责的文书中，只有6份考虑到了出质人过错。

具体到个案，法院说理也不一致。如在一个案件中法院认定原被告均未到工商部门办理股权质押登记，质权未有效设立，出质人存在过错，故其应在质押股权价值范围内承担相应的赔偿责任。[1]另一案件中法院认定出质人系股权的权利人，是登记的主要义务人，质押权人并不持有权利凭证，是办理质押登记的协助人，在出质人未提交证据证明情况下，应认定出质人系未办理股权质押登记的过错方，应赔偿质押权人的相应损失。[2]

以上述案件为代表，在举证责任分配问题上，法院基本都将过错的证明责任分配给出质人，即出质人需证明己方在“未办理股权质押登记”这一事实上没有过错，否则需承担责任。持相同观点的另一法院认为原告与被告均未依据《物权法》第226条的规定，到工商部门办理股权质押登记，质权未有效设立，被告存在过错，故其应在质押股权价值范围内承担相应的赔偿责任。[3]

（2）违约责任。当事人未就质押股权进行出质登记，表明一方或者双方未履行合同义务，由此导致质押权人实现债权的目的落空，未履行合同义务方应承担违约责任。所以部分担责判决是法院基于出质人未履行出质登记义务的违约行为认定出质人应承担违约责任。采用此裁判思路的判决有14份，在担责判决总数量中的占比最高，表明这是最常见的司法裁判思路。

具体到个案，有法院认为因出质人未适当履行上述义务，主观

---

[1] 贵州省高级人民法院（2017）黔民终105号民事判决书、黔南布依族苗族自治州中级人民法院（2016）黔27民初113号。

[2] 十堰市郧阳区人民法院（2016）鄂0321民初1728号民事判决书。

[3] 同[1]。

上存在过错，并导致质押权人丧失了在案涉股权范围内的质押权利，以及对其代偿责任追偿权的物权保障，依据《合同法》第107条，出质人应当承担相应的违约赔偿责任。[1] 同样，另有判决书载明“当事人订立质权合同后，负有交付质押财产义务的当事人违背诚实信用原则拒绝交付质押财产的，导致质权不能设定和生效，出质人应当承担违约责任或损害赔偿责任。”[2]

（3）合同约束力。根据《物权法》第15条和《合同法》第44条及相关规定，未办理物权登记的，不影响合同效力。所以在未办理股权质押登记的情形下，虽然股权质权未有效设立，但当事人之间质押合同的效力并不因之受到影响。故在未办理股权质押登记的情况下，出质人仍需受质押合同的约束，基于合法有效的质押合同出质人应承担相应的赔偿责任。在34份担责判决中，有8份裁判文书考虑了质押合同的约束力因素。

法院在具体判决中的说理大相径庭，如某案二审法院认为，案涉股权质权是否设立，不影响质押合同及承诺书的效力，双方仍应负有按照股权质押合同及承诺书的内容履行各自义务的责任。[3] 还有法院认为，质权未成立不影响质押合同的效力，合同的约定仍对双方发生效力，质押权人仍可在质押合同约定的股权价值范围内要求出质人承担担保责任。[4]

（4）诚实信用原则。诚实信用原则是市场经济活动中的道德准则，[5] 作为基本原则运用在司法实践中好似万金油，虽然不是所有民商事案件都会援用，但在所有民商事案件中都可适用。在本文讨论的情形下诚实信用原则的适用也不例外，在34份担责判决中考虑到

---

[1] 北京市高级人民法院（2016）京民终262号民事判决书。

[2] 上海市第一中级人民法院（2016）沪01民终5703号民事判决书、上海市长宁区人民法院（2016）沪0105民初41号民事判决书。

[3] 河南省高级人民法院（2016）豫民终433号民事判决书。

[4] 锡高新技术产业开发区人民法院（2016）苏0291民初4996号民事判决书。

[5] 梁慧星：《民法总论》，法律出版社2011年版，第49页。

诚实信用原则这一因素的有 11 份，在五种理由中使用率排第二。

在个案中，由于诚实信用原则系民法的基本原则，具有模糊性，存在一定的解释空间，故一般不单独适用，往往会结合其他理由做支撑。如上述第（2）部分中提到第二个案例，法院即以违反诚信原则认定出质人应承担违约责任，并由此判决出质人承担相应的责任。但是在实践中单独以诚信原则为裁判依据的案例也很常见，例如有法院在判决书中主张："合同约定股份作为抵押，实质为权利质押，双方虽未办理股权质押登记，基于诚实信用原则，出质人应在股份范围内承担连带保证清偿责任。"❶

（5）当事人之间的合意。私法自治属于民商事活动最重要的准则，也是民法基本原则之一，不仅仅在当事人之间发挥作用，法院在司法实践中作为中立的第三方也必须尊重当事人的意思自治。尽管股权质押因未办理出质登记而未设立，但是当事人在质押合同中已就出质股权达成合意，该意思表示是合同双方真实的意思表示，所以有法院认为，不论股权质押是否登记，只要双方当事人就股权质押存在合意，出质人均应承担责任。

实践中单以此作为裁判理由判定出质人担责的案例并不多，34 份担责判决中只有 3 份提到了当事人的合意。如某案的判决书载明："股权质押未成立，质押权人未取得质押股权的优先受偿权，但当事人提供质押担保的意思表示真实明确，出质人仍应根据自身的承诺承担相应的合同责任。"❷

（二）判决不担责的观点分析

在 100 份司法裁判文书中，认定出质人在未办理股权质押登记时不担责的裁判文书有 66 份。在《物权法》第 226 条的大背景下，分析样本中 2/3 的裁判文书判决出质人不担责并不出乎意料。与担

❶ 原平市人民法院（2015）原商初字第 431 号民事判决书。
❷ 江西省高级人民法院（2016）赣民终 618 号民事判决书。

责判决不同，在判决出质人不承担责任的情形下，法院的理由千篇一律，即依据《物权法》第226条第1款的规定判决出质人无须因此承担相应责任，法院不再进一步探讨当事人过错、当事人合意和违约责任等因素。

1. 审判程序分布情况

在适用审判程序上，66份不担责判决中有46份适用一审程序，占比70%，同比100份司法裁判文书在一审中的占比上升10%；适用二审程序的有14份，占比21%，同比总数量的占比下降10%；适用其他程序的6份，占比9%。该数据进一步印证，在未办理股权质押情况下，二审判决更偏向于作出出质人担责的裁判。适用二审程序判决出质人不担责的案件不及适用一审程序的1/3，而检索的裁判文书总量在审判程序的分布上适用二审程序的超过适用一审程序的1/2。

2. 不担责判决的理由及其评析

按照传统观点，法官是法律的工匠，由于《物权法》规定未办理股权质押登记，股权质权未设立，那么法院据此作出出质人不担责的裁决，似乎并无不当。66份判决不担责的裁判文书多数依据《物权法》第226条第1款驳回当事人行使质权的主张，如福建省高级人民法院认为“该股权质押担保并未办理相应的登记手续，根据《物权法》第226条的规定，该股权质押并未生效，三原告对于协力科技公司持有的协力和顺公司的股权不享有质权。”[1] 但按照这种思路，不担责裁决观点无法全部否认上述作出担责判决的多种理由。

法律的终极目的是追求公平公正、维护社会秩序。但在未办理股权质押登记情况下，一刀切地认定出质人无须因此担责，而不考虑造成股权质押未登记的原因，亦不考虑当事人之间原先约定等情况，不仅与一般法理相悖，也与法律的终极目的不符。法官并非法

[1] 福建省高级人民法院（2015）闽民初字第48号民事判决书。

律的工匠，任何一部法律或者一个法律条文也并不是孤立存在的，司法裁判路径并非唯一，法官可以在整个法律体系内寻求其他解决方法。尽管上述法院作出担责判决的五种理由在具体阐述上尚欠缺足够说服力，有些甚至比较片面，但是至少体现出法院会进一步考虑其他因素以维护质押权人权利的努力。上述数据也表明上一级法院或者二审作出的担责判决比例更高，基于上一级法院的专业性和谨慎性，在民众心中其作出的裁判文书比基层法院作出的接受程度更高、说服力更强。

诚然如此，结合具体案情因素，仍有部分不担责判决虽然是在《物权法》第226条的前提下作出的裁判，但是法院根据案件的具体情况划分了当事人间的过错责任，最终因出质人对未办理股权质押登记不存在过错，故免除出质人质权责任。如在某案件中，贵州省高级人民法院认为："股权质押未办理登记导致质权未设立，当事人可选择担保责任或者赔偿责任；本案中原告选择担保责任，但因其未证明质权未设立是由出质人造成的，所以法院未予以支持。"❶

三、"股权出质未登记的责任承担"的争议

通过对比分析以上各组数据，可以窥得"未办理股权质押登记出质人的责任承担"并非是一概而论的简单问题，法院之间观点分歧直接导致"同案不同判"的司法窘境。法院在处理此类争议时存在以下两方面困惑：一是出质人是否担责不明；二是若担责，出质人承担责任的理由、承担责任的类型以及承担责任的范围不明。

---

❶ 贵州省高级人民法院（2016）黔民初193号民事判决书。此处值得注意的是，在举证责任分配上，本案审理法院将"未办理股权质押登记"的过错证明责任分配给质押权人承担，事实上，在所搜集的案例中，大部分法院的做法与之相反，如前述文章第二部分提到的，作出担责判决的法院一般将过错证明责任分配给质押人。

（一）出质人是否应当承担责任

以股权出质的，应完成法定的登记程序，方产生设立质权的法律效果。[1] 然而，在未办理股权质押登记时股权质押并未设立，此时出质人是否承担责任，这在目前司法实践中存在不同观点。一方面，64%的判决认为无须承担责任。如在某案中，法院认为："虽然原告与被告签订了《质押合同》，但因未在工商行政管理部门办理质押登记手续，因此本案的股权质押并未设立，原告对质押股权不享有优先受偿权。"[2] 另一方面，36%的判决认为需要担责。以上述提到（2016）赣民终618号民事判决书为例，一审法院认为即使股权质押因质押股权未办理登记而未生效，但出质人对股权质押的内容应属明知，在债务人不履行债务时，出质人负有在原担保范围内承担担保责任的义务；二审法院认为，因双方未办理股权质押登记，股权质押未成立，质押权人未取得质押股权的优先受偿权，但当事人为本案所涉债务提供质押担保的意思表示真实明确，出质人仍应根据自身的承诺承担相应的合同责任。

虽然实践中法院多倾向于出质人无须担责，但36%的判决是不容小觑的数字。毋庸置疑，是否担责不明确意味着司法实践中没有统一的裁判规则和标准，同时也意味着法院在这个问题上有较大的自由裁量权，法院只需在裁判文书中自圆其说即可，由此势必造成"同案不同判"，将对整个司法秩序产生很大冲击，司法权威也将大打折扣。

（二）出质人基于何种理由承担何种责任

在34份担责判决中，出质人承担四种责任形式，即笼统的赔偿责任、连带清偿责任、补充清偿责任和笼统的担保责任，这里的赔

---

[1] 董立强：《股权质押担保未能有效设立的责任承担》，载《山东审判》2017年第1期。

[2] 郴州市中级人民法院（2015）郴民二初字第59号民事判决书。

偿责任是后三种责任的上位概念。这四种责任形式与当事人的诉求之间关联性不大，因此判决担责情形下出质人承担何种责任，很大程度上取决于法官对“未办理出质登记时，出质人应否担责”的观点。此外，34 份担责判决中法院判定担责的理由也表现出差异性，可划分为出质人过错、合同约束力、违约责任、当事人合意和诚实信用原则五种归责理由。在个案实践中，虽然每种理由均与判定担责存在一定程度上的因果关系，但难以辨别不同种理由对最终形成担责结果的原因力大小。而且，这四种判决承担责任的类型与五类判决担责的理由之间不存在一一对应的关系，出质人承担何种责任以及判决担责的理由并无衡量标准。

各法院在判决担责的文书中对认定出质人的责任范围也大相径庭。有的法院判决出质人在质押股权的价值范围内承担责任，判决出质人承担担保责任的法院基本采取此种做法；而有的法院仅判决出质人承担责任，至于承担责任的范围则依据当事人自身承诺或者合同约定确定。具体在责任划分上法院会考虑当事人双方的过错，认定出质人承担的相应责任，但是具体赔付标准则由法官自由裁量。出质人承担责任的范围是否与质押股权相关，是否以质押股权为限，具体的判定标准为何，均没有统一标准。

四、关于“股权出质未登记时责任承担”的司法适用建议

（一）统一应当担责的判定标准

未办理股权质押登记时出质人是否承担责任？对这一问题的回答应当区分不同情况展开具体分析。需要明确的是，直接以《物权法》第 226 条第 1 款为由否定出质人需承担责任的种做法值得商榷。这会驱使出质人在办理股权出质登记中逃避其应承担的义务，最终的社会效果会适得其反。

在最高人民法院《关于荆州市商业银行与广州世界大观园发展

有限公司借款合同纠纷一案的请示的答复》（2003年12月15日，〔2003〕民监他字第17号）中，最高人民法院表示，关于债权人主张担保人承担连带清偿责任（即担保责任）而不要求赔偿损失的，人民法院可否判令担保人承担赔偿责任的问题，人民法院经审理认为担保人不应承担连带清偿责任的，可以根据担保人的过错程度，判令担保人承担相应的赔偿责任。❶ 根据最高人民法院的观点，是否判令出质人担责，需要考虑出质人的"过错程度"。

在股权质押关系中，虽然股权出质登记必须由质押双方办理，但是出质人是质押股权的持有人，系办理质押登记的主要义务人，对顺利办理股权质押登记的影响更大，质押权人只是办理质押登记的协助人，这一点在上述引用的（2016）鄂0321民初1728号判决书中法院也进行了确认。根据《最高人民法院关于民事诉讼证据的若干规定》第5条第2款的规定，❷ 在出质人不能证明其已积极履行登记义务的情况下，应承担证明不能的法律责任。因此，诉讼中出质人应举证证明其已经积极履行登记义务，非因自身过错造成未办理股权质押登记的结果。

由此，在未办理股权质押登记时，出质人应当承担责任的判断标准是：出质人对未办理出质登记是否存在过错。若出质人不能举证排除自己在未办理股权质押登记问题上的过错，则应当承担责任；相反，若出质人有充分的证据证明其已履行应承担的登记义务，表明其不存在过错则无须承担责任。简言之，出质人原则上应承担责任，除非其证明自己对未办理股权质押登记并无过错。

（二）明确出质人承担责任的理由与类型

在因出质人自身过错导致未办理股权质押需担责的情况下，出

❶ 最高人民法院审判监督庭编《审判监督指导》见苏泽林主编：2005年第2辑（总第18辑），人民法院出版社2006年版，第67~68页。

❷ 《最高人民法院关于民事诉讼证据的若干规定》第5条第2款规定："对合同是否履行发生争议的，由负有履行义务的当事人承担举证责任。"

质人承担何种责任需要进一步明确以统一司法裁判规则。

这里首先要说明的是，质押合同的效力并不因未办理出质登记而受损。有学者提出“质押合同属于‘实践性合同’，未交付质物的，合同不生效”。[1] 对此笔者不敢苟同，《担保法》第78条的内容因与《物权法》第15条的规定冲突而失效，《物权法》的出台使股权质押合同的效力与出质登记行为彻底脱钩。基于股权质押合同生效在先、股权质权生效在后的逻辑，未办理质权登记的事实不影响股权质押合同的效力。[2] 股权质权未设立不影响股权质押合同的效力，也即将债权行为和物权行为的效力进行了区分判断，[3] 这正是《物权法》第15条确定的物权区分原则。古交市跃峰洗煤有限公司与中国工商银行股份有限公司阳城支行等委托借款及担保合同纠纷案中，最高人民法院认为：“如果未履行法定的登记手续，虽然质权尚未设立，但质押合同的效力不受影响，出质人未履行合同义务应承担相应的违约责任。”[4] 某些法院依据《物权法》第15条的规定，在质权未设立的前提下主张当事人之间质押合同的效力并不受影响，作出出质人承担担保责任的判决，这种裁判思路显然经不住考验。质押合同有效，出质人对应的合同义务是办理出质登记，而非承担担保责任，承担担保责任必须以有效的担保作为前提，但是股权质押的有效设立必须以办理股权出质登记为前提，法院在认定股权质权未设立的情况下判令出质人承担担保责任明显相互矛盾。

但是，单纯判令承担赔偿责任不说明具体如何赔偿欠缺实践操作性，很难保障当事人在之后履行判决义务时不会产生新的纠纷，因此需要进一步细化出质人承担的赔偿责任。根据私法中的意思自

---

[1] 云闯：《一起股权质押案例引发的法律思考》，载《法人》2014年第8期。

[2] 徐海燕：《有限责任公司股权质押效力规则的反思与重构》，载《中国法学》2011年第3期。

[3] 钟丹：《股权质押合同效力研究》，北方工业大学2017年硕士毕业论文。

[4] 刘德权主编：《最高人民法院司法观点集成·民事卷》，人民法院出版社2017年版，第1394～1395页。

治原则，当事人之间有关于违约责任的规定应尊重双方之间的合意，应按照约定判决是否承担违约赔偿责任。在双方没有约定时，出质人应承担连带赔偿责任抑或补充赔偿责任目前存在很大的争议。但违约赔偿责任的目的是赔偿因违约给债权人造成的损失，如果债务人清偿了债务，不履行质押合同就未给债权人造成损失，因此判令出质人补充赔偿责任。[1] 至于该补充责任承担的范围，则需细究。假设质权成立后，质权人得以在质押股权的价值范围内对质权人承担违约责任，然而一旦债务人丧失偿债能力，其股权价值也相应贬值，导致质权人实现质权的目的落空，这有违于当事人设定质权的初衷以及公平原则。故在司法实践中可引入信赖利益理论，将出质人应承担的补充责任固定在质权合同签订时股权所实际代表的价值范围内。[2]

同时，判定出质人承担违约责任亦有利于节约诉讼成本。承担违约责任的诉求与实现担保权利的诉求之间可能存在一定的冲突，应当通过另诉解决。但是，该两者均以股权质押合同为前提，正如最高人民法院的观点认为债权人主张担保人承担连带清偿责任而不要求赔偿损失的，法院可判令担保人承担赔偿责任。曾有法院认为出质人未办理股权质押登记应承担违约责任，故质押权人另寻途径向出质人主张赔偿损失。[3] 事实上，这种基于股权质押未设立而反驳质押权人的请求，并未实质解决当事人的纠纷，当事人很可能再次启动诉讼程序，最后还是会落到违约责任问题上，这样只会徒增当事人时间和金钱成本，浪费司法资源。

至于出质人是基于何原因承担责任？这个问题可以在上述结论中得出答案。实践中法院考虑的因素无非是出质人过错、合同约束

---

[1] 董立强：《股权质押担保未能有效设立的责任承担》，载《山东审判》2017年第1期。

[2] 韦炜，赵晓青：《有限责任公司股权质押的效力认定及责任承担》，载《人民司法》2012年第6期。

[3] 珠海市中级人民法院（2015）珠中法民四初字第1号民事判决书。

力、违约责任、当事人合意和诚实信用原则，实际上这五者均应予以考虑。上述34份担责判决的作出所考虑的因素并非无稽之谈，但是应综合分析多种原因增强判决的说服力。根据前面的分析，因出质人未履行股权出质登记的义务存在主观过错，尽管此时合同效力并不因此受影响，但是出质人不履行义务的行为违反了诚实信用原则，需承担违约责任，可见这五种原因是相辅相成、相互交织的。

五、结语

关于“未办理股权质押登记时的责任承担”问题所涉及的相关纠纷近年一直呈增长趋势，尽管2017年有所下降，但是这类案例还会持续发生，且全国各地均有发生的可能性，故必须重视股权质押未登记时出质人的责任承担问题。由于法律规定不完善，如何处理此类纠纷也是法院面临的难题。本文检索的100份裁判文书中，法院处理呈现出两边倒的局势。未办理股权质押登记时究竟出质人是否应当担责？如若担责，基于何种理由承担何种责任？承担多大的责任？笔者认为，面对这些问题需要结合案情具体分析，出质人因自身过错未办理股权质押登记时，法院应当综合各方因素进行判断，再判令其依照合同约定承担违约责任，或者对债务人债务承担补充清偿的违约责任。

Empirical Analysis of Unregistered Liability of Equity Pledge

Zheng Yuanmin　Zhao Bing

Abstract: Article 226 of China's Property Law stipulates that the equity pledge is established when the pledge registration is processed, but it does not stipulate how to deal with the pledge of equity when the pledge registration is not processed. There are different opinions in judicial practice. According to the provisions of the Property Law in China, the pledge of equity that has not been registered for pledge has not been established, and the pledgor does not need to bear the guarantee liability. However, the cases that make the pledgor take responsibility are not uncommon, and the reasons are often different. Thus, the phenomenon of "different judgments in a similar case" arises. Therefore, a unified rule of judgment should be established in judicial practice, that is, if the failure to register is caused by the pledgor, the pledgor will be liable for breach of contract in accordance with the agreement; if there is no agreement, the pledgor will assume additional liquidation liability for the non - repayable portion of the debt within the value of the equity pledged at the time of the pledge.

Keywords: Equity Pledge; Unregistered; Article 226 of Property Law of China; Responsibility

算法责任：规制误区与架构重建

黄 琪[*] 张颖[**]

内容摘要：算法日益深入人类生活并在社会话语体系中塑造了强大的算法权力。面对算法决策产生的伤害，现有的应对机制逐渐力不从心，为弥补不足，理论界提出一系列举措建议，包括要求算法的透明化或可解释性、成立算法监管机构等。然而这些建议均存在不同程度的局限性，并不能成为一般标准。对算法之规制，我们不应简单地从 GDPR 中移植相关的权利类型，而应着重从算法使用之行为及结果进行评价考量，以规范算法行为，实现算法可责性。

关键词：算法伤害　算法规制　可责性　GDPR

从上世纪晚期至今，按技术发展程度，人类社会经历了三个阶段，即互联网时代→大数据时代→算法时代。互联网时代所要解决的问题主要是防范网络服务提供者损害其用户，进入大数据时代意

---

* 黄琪，安徽省明光市人民法院法官，研究方向：民商法学。

** 张颖，南京财经大学法学院教授，研究方向：民商法学。

味着须建立避免数据滥用的数据保护规则，而在算法时代，越来越多的人则呼吁对算法进行监管、追究算法责任。对算法进行监管的要求源于公众对技术的施向存有根深蒂固的怀疑，认为组织机构有以技术手段伤害个体的强烈动机，而现有法律不足以有效监督技术之使用。对算法可能侵犯隐私、加剧偏见（包括助长歧视和不平等）等忧虑，例如基于用户画像而精准推送的信息或刑事司法系统中显示出种族偏见的风险评估等算法损害，引发了算法可问责性的讨论。在当前所提倡的关于规制算法的措施中，有些会直接禁锢技术创新，比如禁止使用不能解释其决策的算法（尽管这些算法比那些可以解释的更精确），而另外一些在未能充分防止用户受到伤害的同时也抑制了创新，例如强制企业披露算法的源代码，这并不能有效保护用户，反而对知识产权造成破坏，致使技术进步“裹足不前”。因此，如何有效规制算法损害，实现算法的可问责性为本文讨论的重点。

一、算法责任：一个正在形成的新类型侵权责任

随着人工智能技术的发展，算法可以执行越来越复杂的任务，且效率远高于人类。算法决策正广泛而深入地应用于商业领域与公共治理领域。在当今的决策体系中，算法决策逐渐占据主导地位，大至关系我们切身利益如贷款、就业、司法裁判等的决策，小至新闻推送、商品推荐等日常选择，算法决策已渗入社会生活的方方面面，成为我们“失不得、离不开、逃不掉”的一部分，由此衍生出强大的“算法权力”。

然而，算法的使用亦导致一系列危害，包括侵害信息隐私、加剧现有的偏见（或歧视）与不平等、施加不适当的操控（侵犯自主性）等。由算法损害产生的算法责任在现代侵权法体系中处于一个尴尬境地——算法损害日益频繁和明显，而相应的法律机制与权益救济却迟迟难以就位，从算法本体出发，此种困境与其“复杂性”及“扩展性”密切相关。

1. 算法决策的“复杂性”

对算法决策最常见的批评是，它是一个涉及巨量数据和代码，包含极其复杂且持续更迭的决策模型“黑箱”。[1] 在算法逐渐脱离“工具属性”的情况下，即便开发人员或操作人员也无法全面解释算法如何决策，尽管他们可以控制输入系统的数据并指导算法如何权衡不同的变量，然而算法系统通过深度学习自我升级更新，使得精准解释具有极大的挑战性。[2] 因此，算法被贴上了无法穿透且无视审查的“黑箱”标签。另外，算法的“复杂性”可以使得公共部门或商业机构隐藏在算法背后以算法决策为幌子，故意歧视、操控或以其他方式做出不合法或不道德的行为。根据 2017 年 ProPublica 的一项调查显示，Facebook 的广告算法可以让广告商根据用户喜欢的主题自动生成针对反犹太用户的广告类别，从而锁定反犹太用户，然而 Facebook 却试图通过算法来推卸责任，而不是承认缺乏平台监管。[3]

2. 算法损害的“扩展性”

相较于人类决策，算法决策速度更快、能力更强，也更容易大范围地扩展其损害结果。由于公私决策机构越来越依赖于刑事司法、消费、金融等高影响力领域的算法，一个有缺陷的算法很可能会以更高、更快的比率造成损害，且无法进行计算。以银行贷款为例，银行员工在评估贷款申请时尽管可能会出错，但以人工形式每天只能处理少量贷款申请，如果一个高效但有缺陷的算法每天对整个银行系统大量贷款申请进行错误评估，显然会造成更大范围的损害。

---

[1] 张淑玲：《破解黑箱：智媒时代的算法权力规制与透明实现机制》，载《中国出版》2018 年第 7 期。

[2] 姜野、李拥军：《破解算法黑箱：算法解释权的功能证成与适用路径——以社会信用体系建设为场景》，载《福建师范大学学报》（哲学社会科学版）2019 年第 4 期。

[3] Julia Angwin, Madeleine Varner, and Ariana Tobin, “Facebook Enabled Advertisers to Reach ‘Jew Haters’,” *ProPublica*, https://www.propublica.org/article/facebook-enabled-advertisers-to-reach-jew-haters. 2019 年 7 月 12 日访问。

如果有缺陷的算法会损害使用机构的利益，这将导致其有强烈的动机不使用有偏见或其他缺陷的算法系统，在这种情况下，监管机构无需对有缺陷的算法进行过多干预。但当错误的代价主要由算法决策的对象承受时，上述动机便可能不复存在。例如，假释决策系统中有偏见的算法会伤害那些被不正当拒绝假释的人，但对司法系统本身几乎没有不利影响。在这种情况下，现有的法律框架可能并没有足够的机制能力进行应对。

起源于农业社会以及前工业社会的人类“现代”法律体系，能否应对算法时代的变局，是否可以继续维持秩序、守护创新?❶ 我国现行侵权法体系中存在的产品责任、机动车交通事故责任、医疗损害责任、环境污染责任、高度危险责任、饲养动物损害责任、物件损害责任等侵权责任类型仍刻有显著的农业及前工业时代“烙印”。同这些存在具体行为与客体表象的侵权类型相比，在数字时代，线上的算法侵权虽然以虚拟的电子代码形式作出，但会对线下的个体乃至群体的人格或财产权益造成极大的影响。算法责任的主要机制在于让部署、使用算法的当事人对自己的行为承担法律责任，确保算法损害能够得到评估、控制和纠正。

我国当前并无直接针对算法责任的法律规定，在算法早期发展阶段（算法尚未脱离“工具性”），对其所造成的不利法律后果，我国法律一般通过事后内容审查，根据损害结果进行责任分配，因而，算法的设计者或操作者（网络平台）成为法律责任的承受对象，这隐含着设计者或操作者“全能性”假设——有完全控制算法运行结果的能力和权限。❷ 然而随着智能技术的进步，算法不再局限于按照所设计的预期目的运行，算法逐渐超越“工具性”，开始具有“自主性（本体性）”，设计者或操作者的“全能性”与算法的“工具性”均被打破。算法在商业机构以及公共部门广泛而深入的应用使

---

❶ 郑戈：《人工智能与法律的未来》，载《探索与争鸣》2017年第10期。

❷ 张凌寒：《风险防范下算法的监管路径研究》，载《交大法学》2018年第4期。

得其掌握了巨大的资源配置权力，对私人生活和公共治理产生极其深远的影响。对于算法决策的损害，实施主体逐渐由网络平台转移到算法本体，面对这一变局，理论界与实务界提出一系列规制举措，但均存在不同程度的局限性，下将分述之。

二、算法规制："误入歧途"的几点表现

尽管规制算法、实现算法可问责的呼声日益强烈，但业界所提出的解决方案通常是无效的、适得其反的或阻碍技术创新的。这突出表现为三类：要求算法的透明化、可解释性，或两者兼有之；建立可以监督所有算法决策的监管机构；抽象的、笼统的或模糊的建议。这些建议大多赞同预防原则，认为算法（尤其是人工智能）在部署使用前应主动接受审查并被证明是安全的，一旦部署，应被严格监管。值得注意的是，这类规制措施可能仅在特定的环境或区域内有其功效，若作为一般标准并不适当。

（一）"灵丹妙药"误区：算法的透明化或可解释性

当前对算法规制最常见的建议集中在算法透明化与可解释性上，认为这是应对算法伤害的"灵丹妙药"。透明化指的是算法代码或数据的公开，可解释性是指算法的运行机制或结果可向终端用户解释。基于算法的复杂性与专业性可能遮蔽决策作出过程或有害行为的理念，公开算法"黑箱"的代码和数据，解释算法的运行逻辑与结果，将使公众和监管机构能够识别算法是否以及如何产生有害结果。由此还引申出中外学界关于"解释权"这一权利形态的争论。[1] 然而，算法的透明化或可解释性并不能实现所谓的"终极功效"，分析

---

[1] 参见：张凌寒：《商业自动化决策的算法解释权研究》，载《法律科学》2018 年第 3 期；Edwards，L.，& Veale，M. Slave To The Algorithm? Why a 'Right to an Explanation' is Probably Not The Remedy You Are Looking For. *Duke Law&Technology Review*，2017（16）.

如下。

第一，要求获得特定算法决策的有意义的信息却无视已经存在的法律，而这些法律正在保障要求对某些具有重大影响的决策进行解释的权利。比如，在现有法律规范下，银行拒绝贷款给申请人或者公司解雇员工均须提供充分的理由，这是法定义务，不管其是否使用算法作出决策，故专门针对算法的新要求将显得冗余，尽管欧盟《通用数据保护条例》（GDPR）将这一要求扩展到所有具有法律或重大后果的自动化决策。如果某些决策需要解释或有意义的信息，那么是否使用算法将无关紧要。算法透明化或可解释性的支持者往往会指出，刑事司法系统中存在偏见和缺陷的算法有可能对个体造成重大损害，以辩护其立场。[1] 透明化或可解释性固然可能是确保市场力量较弱的领域（如刑事司法）能够合理使用算法的关键因素，然而，在限定（特定）领域的价值并不当然支持在大多数情况下透明化或可解释性是必要或有益之结论。如上所述，对于大多数自动化决策系统，操作者均有强烈的动机将缺陷和潜在危害最小化，但如果缺乏相应激励（或惩罚）机制，算法之使用与否将不是关键。因为，仅靠透明度或可解释性并不能解决固有的偏见与不公正问题。

第二，要求算法透明化或可解释性可以形象地称为“揭开面纱”，即将所有源代码或算法内部运算完全公开，让公众以及监管机构检查算法可能存在的缺陷以及获得决策结果有意义的信息（听起来并无不妥之处）。然而，“揭开面纱”的要求极容易让我们陷入一种“透明陷阱”，期望监管机构、倡导性团体或有关公民能够可靠地从审查先进的算法自动化决策系统中收集有意义的信息并不现实。对于许多依靠深度学习、有着多层网络神经且自我更新的高级算法系统来说，其本身可能不会让我们在检测不当行为方面走得太远，即便设计者或操作者也无法完全把控或精准解释算法内部运行的逻

[1] 刘宪权：《人工智能时代的“内忧”外患与刑事责任》，载《东方法学》2018年第1期。

辑及结果，更何况并无专业技术知识的“圈外人”。[1] 简单的披露静态代码并不能保证它实际用于特定的决策，也不能保证它在无拘束情况下的行为符合设计者或操作者预期的目标。

第三，对算法透明化或可解释性的要求会降低专业软件的价值，要求公开披露有关算法内部工作原理的源代码或信息将降低商业机构开发、使用算法的动机，因为市场竞争对手可以轻易地进行复制。当一个国家的知识产权保护力度较弱时，技术剽窃的风险将大大增加。此外，透明化或可解释性还会为不正当利用算法创造条件。例如，Google 依靠一种名为“网页排名”的算法，根据网站的元标签和关键字等要素来确定搜索结果的显示顺序，然而随着这些要素被公开，任何网站的所有者都可以操纵算法，从而提高其网站的搜索排名和浏览量，尽管这些内容与用户的查询无关。现在，Google 使用包括机器学习系统在内的多种复杂算法的组合，根据内容质量及相关性对数百个因素的权重进行计算以排序搜索结果。[2] 如果 Google 或其他搜索引擎被要求公开、解释其搜索算法的内部工作原理与机制，那将重蹈覆辙，而用户也会为此付出相应代价。

第四，对算法可解释性的要求可能会严重限制算法的潜在益处，因为在算法系统的可解释性与其准确性之间存在不可避免的妥协与平衡。最强大的预测模型通常是最难以解释的，算法的准确性通常随着复杂程度的增加而增加，算法越复杂，解释起来就越困难。虽然随着算法可解释性技术的成熟，这种困境在未来可能会发生变化，但至少在短期内，对可解释性的要求只会在适当牺牲准确性的情况下才可能实现，对算法可解释性的要求，本质上是要求使用效率较低的人工智能系统——而这通常并不可取以至于极少出现。

---

[1] 余成峰：《法律的“死亡”：人工智能时代的法律功能危机》，载《华东政法大学学报》2018 年第 2 期。

[2] Danny Sullivan，“Google Uses RankBrain for Every Search，Impacts Rankings of ‘Lots’ of Them，” *Search Engine Land*，https：//searchengineland. com/google – loves – rank-brain – uses – for – every – search – 252526. 2019 年 7 月 28 日访问。

综上所述，算法透明化和可解释性是实现防止算法伤害的一种手段，只有在特定环境或区域内，它们才有可能达到预期的效果，而不能成为“放之算法而皆准”的通用机制标准。若将算法透明化或可解释性视为“灵丹妙药”或终极目标，可能并不明智。在大多数情况下，强制要求透明化或可解释性会限制技术创新，而且也无法防止潜在的危害。

（二）“大包大揽”误区：成立监管机构监管所有算法决策

随着人们对算法潜在风险的担忧不断加剧，呼吁政府成立专门负责监管算法的监管机构的呼声日益强烈。在欧美学界，有学者或研究机构倡导成立“国家算法安全委员会”之类的算法监督机构，以独立审查、监督算法的使用，保证算法的部署应用不违反公共利益。[1] 在我国，也有学者主张设立算法安全委员会全面负责算法审查和解释工作。[2] 然而，对于成立“公法性”监管机构来监管公私领域之算法决策是否能真正达到预期目的，我们并不乐观。

第一，此类建议没有认识到，要充分评估、管理算法决策，就需要了解算法所处理的决策内容的特定环境知识。例如，因金融领域构成损害的标准与医疗领域构成损害的标准大相径庭，故政府需要成立不同的监管机构。让一个机构监管所有的人类决策是不明智也不现实的，那么让一个机构监管所有算法决策亦是同理。典型的例子为，在20世纪90年代互联网发展期间，美国没有像一些人所提议的那样建立一个联邦互联网机构监管所有的在线活动，而是分而治之，联邦通信委员会（FCC）监管网络技术的电信方面，联邦贸易委员会（FTC）监管电子商务，国家电信和信息管理局（NTIA）

---

[1] 例如，牛津互联网研究所（Oxford Internet Institute）提议创建一个算法监督机构，有权审计算法并确定其是否为公共利益服务。美国马里兰大学计算机科学教授Ben Shneiderman倡导成立“国家算法安全委员会”，以独立监督算法的使用。

[2] 孙建丽：《算法自动化决策风险的法律规制研究》，载《法治研究》2019年第4期。

则监管频谱。[1]

第二，上述建议的言外之意是现有的监管机构无法有效审查算法。对于监管机构而言，了解与他们职权范围内有关的技术非常重要，鉴于技术的新颖性与复杂性，监管机构很可能并没有理解“算法如何决策”工作原理方面的技术专长。尽管公共部门在理解新技术的能力方面往往落后于商业机构，但它们须时常处理与之相关的问题。无论如何，如果担心政府机构没有足够的技术专长，仅仅依靠建立一个专门负责监管算法的新机构并不能解决这个问题。但这并不意味着在算法决策激增和智能技术成熟的大背景下，监管体制仍应秉持“不变应万变”——尽管每个监管机构都与其所在行业同步现代化。如果仅针对一项技术，就对政府的整个监管体系进行重新设计，尽管引人注目，但最终很可能并没有太大效果。此外，建立一个监管机构来监督算法的部署与使用意味着所有算法的风险水平都是相同的，故有监管之必要。然而，算法根据其应用会带来不同层次的风险，其中，低风险决策不应仅仅因为使用算法就受到监管，若不注意区分，将耗费大量的人力与财力成本，得不偿失。

第三，对算法的监管通常将“公共利益”摆在重要位置，但“公共利益”的内容及标准并不明确且经常处于变动之中。以汽车为例，汽车的使用被认为是符合公共利益的，因为它可以提供流动性和获得经济机会的途径，但同时也产生诸如环境污染、交通拥堵、交通肇事伤亡等现象。政府没有让监管机构来决定车辆的使用是否符合公共利益，而是根据车辆的客观效益和危害来监管具体的活动（比如车辆的燃油经济性、安全性和城市土地使用）。同样，政策制定者不应决定使用算法是否符合公共利益，而应监管算法的具体使用场域。另外，在算法时代，公域与私域的边界早已模糊，由商业机构开发和使用的算法往往也承载着重大的“公益属性”（例如，

[1] Matthew Adam Bruckner. The Promise and Perils of Algorithmic Lenders'Use of Big Data. *Chicago - Kent Law Review*, 2018 (93).

Google 的 google flu 算法可以预测疾病的暴发，具有极强的公共价值）。❶ 算法作为企业极为核心的产品和服务手段，对商业开发及扩展的重要性不言而喻，然而打着公共利益的旗帜对算法进行监管，不仅有干预市场自由之嫌，也会在某种程度上直接或间接损害公共利益。

（三）“泛泛而谈”误区：抽象有余，精细不足

1. “口号式”倡议

当前许多有关规制算法的措施或建议大部分只是“徒有其表”的口号或流行语，并没有太大的实践功效。诚然，其中一些建议可能在算法决策的某些领域具有价值（如作为人工智能开发指南或企业社会责任标准），但若作为具体的监管指导措施则不切实际。尽管要求采取行动以规范算法的呼声强烈，但基本上未能阐明一条有效的路径。例如，为欧盟委员会提供咨询的欧洲科学与新技术伦理团队在 2018 年 3 月的一份报告中呼吁为人工智能创建一个共享的伦理和监管框架，报告的主旨为“责任原则必须是人工智能研究和应用的基础，自动化系统的设计应使其效果与多种基本的人类价值和权利相一致”❷。虽然这听起来并没有什么可指摘之处，但却是陈词滥调以至于没有实际意义。在制定监管政策方面，此类抽象（模糊）的建议让政策制定者几乎“无从下手”。虽然这些建议的目的是为今后的工作提供参考，但它们的内容要么过于模糊而无用，要么会限制算法的有益使用。在某些情况下，这些论述可以作为指导原则以帮助制定政策，而不能作为政策本身去发挥作用。

---

❶ 张凌寒：《算法规制的迭代与革新》，载《法学论坛》2019 年第 2 期。

❷ European Group on Ethics in Science and New Technologies，“Statement on Artificial Intelligence，Robotics and ‘Autonomous’ Systems”（Luxembourg：European Commission Directorate – General for Research and Innovation，2018），http：//ec. europa. eu/research/ege/pdf/ege_ai_statement_2018. pdf. 2019 年 8 月 25 日访问。

2. “幻想型”套置

算法的设计或使用往往与特定的伦理、价值立场相关，其并非如想象的那般完全秉持“技术中立性”。[1] 为避免不正当的算法，有人试图另辟蹊径，主张在算法设计伊始就将道德、伦理、法律等要素嵌入到其内部，这就是所谓的“设计责任”。[2] “设计责任”已经认识到算法系统会产生意想不到的结果，并鼓励设计者解决可能对算法系统造成危害的根本问题（如历史偏见问题）。虽然鼓励设计者对算法的创建和应用负责具有一定的价值，然而，仅仅让设计者考虑“设计责任”并不能应对算法带来的挑战，此路径所关注的仅为设计者，而不是操作者（或使用者）。即便设计者可以全心全意接受“设计责任”，但是如果他们所创造的算法最终未能在市场上流通或使用时，“设计责任”将毫无意义。此外，如何将道德、伦理、法律等要素嵌入到算法内部是一个极具挑战性的技术难题，理论界的哲学家或法学家将想象的应然规则套置在未知场境中并不当然具有科学性，而且也无法把握未来的走向。

上述理念均失之过于理想化、宏大、宽泛，难免对算法规制的基本体系缺乏母体意义，不是难以实现具体操作性，就是有损创新。因此，我们应及时转变思路，从算法部署使用以及后果之视角寻找规制算法的新架构，以应对现有机制与范式之不足。

三、新架构：以行为及结果为导向

在保护数据主体权利、规范算法自动化决策、惩罚侵权行为等方面，GDPR 毋庸置疑是最全面（最严格）的。GDPR 在对数据主体（用户）设置了知情权（第 12 条）、更正权（第 16 条）、擦除权

---

[1] 丁晓东：《算法与歧视——从美国教育平权案看算法伦理与法律解释》，载《中外法学》2017 年第 6 期。

[2] 郑戈：《人工智能与法律的未来》，载《探索与争鸣》2017 年第 10 期。

（第17条）、反对权（第21条）等权利以及对数据控制者或操作者课以了严苛的义务外，还规定了详细的惩罚与救济路径。在GDPR已设置的严密体系网络下，本文无意于对如何从政策或法律层面对算法伤害进行规制而赘言，而是从算法使用之行为及结果出发，在GDPR体系下对规范算法行为、防范算法伤害之架构进行探索和补充。

（一）验证算法行为

实现算法可问责性的首要步骤便是确定算法是否按照操作者的意图运行。如果答案是肯定的，并且它正在造成伤害，那么认识到各行业中已经存在的诸如禁止种族歧视、要求正当程序等规定将极为重要。当操作者意图造成伤害时，伤害之结果与他们是否使用算法不再具有关联性。而确定算法是否故意造成伤害的技术与程序机制主要包括：透明度、可解释性和程序规律性。在大多数情况下，操作者可能会使用其中几种机制的组合，以确认算法按照他们的意图运行与否。

1. 有限度的算法透明化与可解释性

如上所述，尽管对算法透明的要求在很多方面是无益甚至有害的，但是透明化在实现某些算法系统的可靠性方面可以发挥较大作用。如前文所述，许多依赖于机器学习的算法对于人类（甚至对于这些系统的设计者）而言非常复杂，无法以有意义的方式进行解释。然而，透明度可以解释不那么复杂的算法并确保它们按照预期运行。比如，那些用来做量刑决定的风险评估算法在评估的过程中可能依赖许多不同的变量，但这些变量相对直接和静态，可以让操作者更容易地评估所涉及的变量并确定它们是否合适，观察某个变量如何影响风险评分并赋予该变量特定的权重。[1] 在此类情形中，透明度是

[1] 姜野：《算法的规训与规训的算法：人工智能时代算法的法律规制》，载《河北法学》2018年第12期。

操作者确保算法按照自己意愿运行的一种直接而简单的方法。另外，不同程度的透明度适用于不同的情况。比如，许多缺乏必要专业知识的企业将受益于将源代码提供给可以精通进行代码审核以识别错误的受保密制约的第三方。

可解释性与透明化的目标基本一致，但只有在特定的环境或区域内才能发挥作用。理论上，清楚地解释算法决策结果如何被做出将是确保算法系统按照预期运行最有效和最直接的方法——只要解释是可被证实正确的。然而，复杂性是精准解释的一个限制因素，主要原因在于：①考虑到可解释性和准确性之间的权衡，很少希望以牺牲准确性为代价来优先考虑可解释性；②开发一个能够解释自身或证明其决策合理性的算法系统存在较大的困难，截至目前并没有突破技术桎梏。

2. 程序规律性

程序规律性是指以相同的方式始终如一地使用算法的过程。这也是确保算法按预期运行的一种有效方法，因为在无法解释算法为何做出特定决策的情况下，操作者可以通过始终如一地使用该算法，并仔细检查其输出内容，以评估它是否达到了预期的结果。程序规律性对于算法的监督作用较大，就像密码学一样，密码学技术可以通过破译结果以验证其运行或操作规律。同样，程序规律性适用于司法领域所有的案件处理过程，无论案件或繁或简，也不管当事人情况如何，均遵循同样的正当程序规则作出裁判结果。程序规律性是进一步研究算法自动化决策系统行为的重要基础，而无须知道决策是通过何种方式作出（不管这个决定是否一时“心血来潮”以一种武断的方式做出）。程序与结果在某种程度上具有本质联系，程序越有序，输出的结果就越稳定，就越可以检查验证本体系统的运行逻辑与规律，从而不断校对纠偏行为，规范算法的使用。

（二）识别和纠正算法结果

仅依靠验证算法是否按预期运行并不足以确保它不会产生有害

结果，因此，一个可靠的算法系统同时也必须允许操作者可以识别和减少有害结果。此举措尽管不能预测或控制算法决策可能产生的所有有害结果，但可以督促各类组织机构负责任地部署使用算法。要达到识别和纠正算法结果的目标，我们可以从以下两个方面进行尝试：影响评估、错误分析（或偏差测试）。值得注意的是，这些并不是简单的事后控制——操作者可以而且应该在开发和部署算法的整个过程中应用这些手段。

1. 影响评估

正如政策制定者收集有关特定政策潜在的社会或经济影响的证据以评估可行性，公共部门或商业机构也可以对特定的算法决策进行影响评估。当使用新技术很可能对个体的权利与自由带来高风险时，在考虑了处理的性质、范围、背景和目的后，操作者应当在算法部署使用之前评估对个体权益保护的影响。在对与自然人相关的个人因素进行系统性与全面性评价（此类评价建立在自动化处理上）且其决策对个体产生法律影响或类似重大影响时，影响评估就尤为必要。对此，可以借鉴 GDPR 第 35 条之规定：①对计划的处理操作和处理目的的系统性描述以及对操作者所追求的正当利益的描述；②对和目的相关的处理操作的必要性与相称性进行分析；③对给个体的权利与自由带来的风险进行评估；④在不影响保护商业或公共利益或处理操作安全性的前提下，算法操作者应咨询决策对象对于预期处理的观点。此外，影响评估与特定的环境高度关联，在一个领域适合并不意味着在另一个领域也为可取，因此，影响评估应当注意环境因素。与政策影响评估一样，算法的影响评估既可以是事前的，侧重于前瞻性分析，也可以是事后的，侧重于连续性和历史分析。例如，美国退役军人事务部（DVA）对一种心理健康诊断算法进行影响评估，以确定是否适合实施该算法，在使用一定时间后对该算法再次进行评估，以评估其有效性。[1] 特别是在敏感的刑事司法系统中使用算法时，更应保证持续或定期进行事前与事后影响评估。

2. 错误分析

算法决策可以产生许多种类的错误，包括粗心的错误（源于编码草率）、系统误差（源于算法内部缺陷）、随机误差（难以控制算法参数、数据、硬件而引起）等。错误是不可避免的，其存在不应成为排除特定算法使用之理由，因为通过识别和纠正错误从而对算法系统进行改进是技术升级的标准路径。错误分析的技术包括：手工评审、方差分析（分析实际结果和计划行为之间的差异）和偏见分析。[2] 以偏见分析为例，当前很多关于算法潜在危害的讨论主要集中在它们具有复制人类偏见的强大能力（包括种族、性别、金融、司法等方面的偏见），这主要由数据缺陷所致。对此，有学者主张对算法处理的数据或生产性资源进行管理，防止造成消极后果。[3] 通过这些技术手段，寻找出算法决策过程中可能存在的错误模式，从而进行针对性改进。

（三）惩罚机制的应用

没有惩罚或责任承担机制，则一切“纸面规定”将毫无意义。惩罚那些使用算法违反现有法律法规并造成重大危害的操作者是监管机构的应有之职。值得注意的是，惩罚标准具有开放性，随着时间的推移，市场力量、社会规范、新技术等因素将影响惩罚机制的

---

[1] Travis Korte, “Disparate Impact Analysis is Key to Ensuring Fairness in the Age of the Algorithm,” Center for Data Innovation, http://www.datainnovation.org/2015/01/disparate-impact-analysis-is-key-to-ensuring-fairness-in-the-age-of-the-algorithm/. 2019年9月10日访问。

[2] Frank Wolfs, “Error Analysis,” University of Rochester, Accessed May 9, 2018, http://teacher.nsrl.rochester.edu/phy_labs/AppendixB/AppendixB.html. 2019年9月16日访问。

[3] 胡凌：《人工智能的法律想象》，载《文化纵横》2017年第2期。

介入及力度。

当操作者使用算法违反现有法律法规时，监管机构首先应检查其能否有效证明他们拥有以确保算法按照预期运行的控制权。如果发生重大伤害而没有相应的控制举措或操作者在达到这一标准的方法上粗心大意，则其可能受到严厉的惩罚。如果这些控制措施较彻底并得到适当的实施，监管机构就有可能会认定操作者的行为并非出于疏忽或者是故意造成伤害。在这一点，监管机构可以对操作者是否以及如何有效地识别和纠正有害后果进行类似分析，如果操作者未能达到上述防范或注意标准，监管机构将很可能认定操作者在将算法的潜在危害最小化方面没有尽到应尽之责，并有权施加更多惩罚措施。对于操作者和监管机构而言，尽管算法会产生许多不良结果，但只有其中的某一类才有可能产生值得监管机构审查的重大危害。例如，即使约会软件、社交媒体网站、电子商务网站等网络服务平台使用的算法存在严重缺陷，它们也不太可能对普通用户造成重大伤害，因为如果算法经常发送无聊的链接或推荐不需要的商品或信息，用户一般会主动停止或拒绝使用此类APP或服务。在某些方面，市场力量在督促算法良性运营、减轻算法伤害方面比监管机构更能发挥关键性角色作用。

在某些特定的区域，市场力量较弱且算法可能存在造成重大损害的风险（在刑事司法系统中尤为明显），监管机构就有必要严格其责任要求。透明是司法体系的根基与核心目标，无论是理论界还是实务界均认为，强制要求所有影响司法决策的算法开放源代码是恰当的。尽管透明度可能无法让人们完全掌握算法系统的内部工作机制和原理，但会确保这些算法尽可能地受到高程度的审查，最大化实现算法“在阳光下运行”。另外，在市场力量较弱且监管并不适合介入的情况下，行业自律则可能为一种适当的管理手段。例如，虽然人工智能系统在医疗领域的应用通常需要获得监管部门的批准，但涉及医学研究的人工智能系统不一定需要这样做。如果这个系统有缺陷，医生在治疗病人时使用错误的研究结果可能会造成重大医疗事故，然而，这样一个系统的研究结果在投入临床应用前将会像传统医学研究那样受到同行评议（同业审查），从而预防这种危害。

监管机构基于上述框架对操作者的行为进行评价，以确定操作者在防止损害发生的过程中是否存在疏忽或故意，根据主观过错程度并区分具体算法情形，施予不同程度的惩罚措施。然而，即便操作者善意行事并尽一切合理努力，算法系统仍有可能对决策对象造成损害。在这种情况下，监管机构应根据算法所造成的危害与所带来的好处进行权衡，来决定是否对操作者实施惩罚。这种损益比较的衡量对于确保企业有能力、有动机以创新的方式开发和部署应用算法至关重要，如果不进行损益衡量或不区分具体情形，只要出现算法伤害就“不分青红皂白”予以惩治，那将对商业技术创新造成毁灭性打击。

要使算法负责，操作者应努力识别和纠正有害结果，即使这些结果并无法律上之不利评价。比如，自动驾驶汽车撞死一名乱穿马路的行人，它是否在法律上应为这起事故负责？姑且不论监管机构是否确定自动驾驶符合所有交通安全法规，很明显，这仍是算法决策的一个不受欢迎的结果。如果自动驾驶汽车的安全性满足算法问责的标准且操作者进行了各项重要的测试以确保汽车按预期计划运行，即使事故发生，操作者也不应受到惩罚。然而，正如“零愿景”（旨在消除所有超出法律被动容忍范围的交通伤亡）那样，我们社会显然仍希望避免这一结果出现。因此，在此类高风险状况下，算法操作者应确保他们能够向算法系统提供反馈，让系统认识到造成的损害结果即便没有法律上的不利影响，但仍然是不好的，应当予以规避。为了应对此类情况（算法可能造成伤害，但操作者不一定违反法律），监管机构可以借鉴飞机事故调查过程中惯常的做法：当飞机坠毁后，航空管理局会例行进行调查，即使没有发现任何违规操作行为，他们仍然会发布报告，详细介绍提高安全性和避免未来发生类似事故的建议。❶此外，监管机构还必须认识到，问责算法的目标并不是为了实现完美的、没有缺陷（错误）的算法，而是将风险或伤害程度降到最低——正如汽车安全标准并非要求汽车百分百安全，而是达到合理预期的安全程度。

综上，触发惩罚机制的点主要是算法使用的行为以及所产生的结果。在行为中，应注意区分操作者的主观意图与客观实施情景，对结果应进行损益比较以确定行为的可责性。行为与结果的组合可决定惩罚介入与否及力度大小。随着算法决策的普遍化以及深入化，为保护、促进技术创新，我们应谨慎使用这一武器，让损益衡量或价值平衡成为惩罚机制的“调节器”。

四、结语

自人类进入数字时代，算法具有越来越强大的能力塑造和变革我们的行为模式与政治法律结构，社会的权力与话语体系逐渐被算法掌控，面对算法造成的伤害，现有的法律体系并没有足够的应对机制，导致我们“无所适从，无能为力，无路可循”。为消解困境，弥补不足，理论界遂提出许多规制措施或建议，这些举措理念在特定的范围内具有一定的合理性和可操作性，但若作为通行标准则存在较大的局限性。

如何有效规训算法，实现算法可问责性？对此，我国学界热衷于配置某个或某几个权利类型（例如解释权、被遗忘权、更正权等），似乎在不需要体系支撑的情况下，凭借几个孤立的权利就能应对当前算法“横行”的社会生态环境。即便在GDPR最严密的保护网络下，欧盟国家也很难全面应对算法自动化决策对数据主体的伤害（GDPR对欧盟的技术创新以及数字经济竞争力产生的负面效应另当别论），在我国缺乏类似土壤和语境的情况下，简单地依靠移植

❶ 见2000年1月1日生效的中国民航总局《民用航空器飞行事故调查程序》。

GDPR 中的权利可能并不会达到想象的理想效果。因此，本文无意于从政策或法律层面进行赘述，而是着重以行为及结果为导向，通过引入不同技术手段与程序机制规范算法行为，以达到防范算法伤害之目的。此外，对于算法损害结果的产生，应注意区分操作者主观态度以及算法具体情形，进行损益分析，从而科学合理地应用惩罚机制。总体而言，对算法的规制，本文只是简单地搭了一个“台架子”，在很多细节方面并未展开深入讨论，有赖于继续“添砖加瓦”。

Algorithmic Responsibility: Regulation Mistakes and Architecture Reconstruction

Huang Qi　Zhang Ying

Abstract: Algorithm has been deeply rooted in human life and has shaped a powerful algorithmic power in the social discourse system. Faced with the harms caused by algorithm decision making, the existing coping mechanism gradually failed. In order to make up for the deficiency, the theoretical circle put forward a series of measures and suggestions, including requiring the transparency or interpretability of algorithms, establishing an algorithm regulatory bodies, etc. However, these recommendations have varying degrees of limitation and do not constitute a general standard. For the regulation of algorithm, we should not simply transplant the relevant right types from General Data Protection Regulation (GDPR), but focus on the evaluation and consideration of the behavior and results of algorithm use, so as to regulate the behavior of algorithm and realize the accountability of algorithm.

Keywords: Algorithm Harms, Regulation of Algorithms, Accountability, General Data Protection Regulation (GDPR)

【比较法视野】

韩国现代土地私法史

[韩] 尹喆洪*

内容摘要：本研究以私法的观点，运用历史方法，着重讨论现代韩国的土地法问题。特别是以韩国民法上土地所有权为中心，讨论了为有效利用土地而制定的私法。土地具有受其所处地域拘束的性质，因此，各国都有其不同的土地法。韩国因其领土狭小，为了有效利用土地，制定了诸多以限制所有权为目的的法律。然而，如果过度规制甚至限制土地交易或者所有权，将导致经济上的问题，因此针对交易的限制和扶持政策常常交替产生。

韩国创制了诸多与土地所有权相关的法律制度和法理。就当下的所有权而言，认为其限制、内在于所有权概念之中。韩国根据特别法以及民法解释，对土地所有权作出了诸多限制。根据此类限制，发展了流动的无效理论和名义信托理论、信托所有权、开发权、景观利益等不同的法理。至今韩国都在根据这些法理，探索扩大土地

* [韩] 尹喆洪，韩国崇实大学（Soongsil University）法学院教授，研究方向：土地法学、社会法学。

利用权能的最大化方案。

关键词：韩国土地法　土地所有权　流动的无效　名义信托理论　信托所有权

一、绪论

首先，土地因其所处的地域和用途，会受到一定的拘束。同时，有关土地的政策也会根据时代和土地面积发生变化。因此，各国制定、实施不同的土地法。自古代至现代，韩国也制定了规范土地的各类法律。与世界各国的国土面积相比，韩国属于世界上拥有较少国土面积的国家，因此为了有效利用土地，制定了诸多法律，其中多数以限制所有权为目的。由此，韩国土地法的历史，不妨可以说是限制所有权的历史。

其次，韩国自朝鲜时代就存在诸多土地相关法制。然而，主流观点认为，确立现代意义上土地法秩序的时期是日本帝国主义强占期间。1910 年日本帝国主义强制推行韩日合并。为了殖民统治韩国，在 1905 年俄日战争中获胜的日本就制定了各类殖民准备措施。日本通过聘请主持编撰日本民法典的梅谦次郎为法律顾问，命其在韩国主持制定民法典。梅谦次郎出于政治考虑，是重新编撰韩国民法典或直接在韩国适用日本民法典两种方式进行权衡后，采纳了后一种方式。由此，在 1912 年发布朝鲜民事令，除家族法和些许习惯法之外，全盘适用日本民法。因此，作为依用民法的明智《民法》第 206 条中“在法令范围内，所有权具有自由行使使用、收益、处分的权利”的规定，同样适用于韩国。根据这一规定，一方面原则上保障了自由行使所有权的使用、收益、处分权利，另一方面也意味着可以根据法律或者命令对所有权作出例外性质的限制。然而，从解释这一条款的角度来看，上述例外性质的限制仅能根据法律作出限制。因此，原则上不可以根据命令或者条例限制所有权的行使，只有在例外情形下，才可以根据受法律委任的命令或者条例，对所有权的行使作出限制。❶ 这类所有权概念的产生是为了确定纳税人，构建满足明治政府现实所需的物质基础。❷ 这一规定，可以说是适用于韩国民众的与土地相关的最早现代私法规定。

再次，20 世纪 10 年代的韩国土地秩序相当混乱。从朝鲜总督府的立场来看，总督府想掠夺朝鲜王朝王室土地等所谓的国有土地和所有权不明的土地，为了实现掠夺、构筑物质基础，总督府颁布了《土地调查事业令》。1912 年根据《土地调查事业令》，展开了针对韩国所有土地的调查工作。❸ 这一工作的目的是为了核定土地所有权人、测量地形和地貌等地籍，以土地价格为课税标准，确立地税体系。其中，最为重要的是核定所有权人。这一过程需要经过准备调查、一笔地（parcel of land）调查、纷争土地调查，最终达到依法作出核定、裁决。所有权人的核定是指根据土地所有权人的申报，确定土地用途（又称地目），通过测量地表，确定与邻接土地之间的界限，从而确定所有权人的行为。虽然，确定所有权人的工作属于行政决定，然而通过这一工作确定的所有权人权利，却可以直接拘束法院。此类事业的推行，为韩国确立现代土地秩序提供了契机。

最后，本文旨在从私法的角度讨论韩国土地法的历史。为此，虽然首先需要讨论可以称之为现代韩国土地秩序始发点的日本帝国主义强占时期制度，然而，对于该时期的具体内容而言，本文从略，仅以上述内容作为简短说明。以下就 1945 年韩国光复后，重新制定的民法和土地法，特别是为了确立土地秩序的特别法以及成为内在限制说（在定义民法上所有权概念时通常采纳的学说），根据特别法进行概括性的讨论。

---

❶ 我妻荣著，有泉亨补订：《新订物权法》，东京：岩波书店 1985 年版，第 271～272 页。

❷ 水本浩，著，柳海雄，译：《土地问题和所有权》，凡论社 1985 年版，第 175 页。

❸ 有关土地调查工作的开展过程，可以参考慎鏞夏：《朝鲜土地调查事业研究》，知识产业社 1982 年版，第 15～109 页。

二、韩国民法上所有权的规定

（一）韩国民法典有关所有权的规定

1957年制定，1960年1月1日起施行的韩国《民法》第211条规定，“在法律范围内，所有权人（又称所有者）可以使用、收益、处分其所有物。”这是采纳确立了自由所有权论的后期注释学派观点，参考法国《民法》第544条、日本《民法》制定的规定。罗马法上的所有权原来是指绝对的排他性支配权，此类所有权中包含自由使用、收益、处分的权能。然而，所有权并非三种权能的单纯相加之总和或者综合，而是意味着权能之渊源。因此，当设定限制性物权时，所有权虽然会受到一时性限制，然而所有权本身并不会消灭。当限制性物权消灭时，又将恢复全部、概括性的支配权，由此，所有权是具有弹性的权利。由于此类所有权具有排他性，因此，在同一物上适用“一物一权主义”原则，不成立针对同一物的多个所有权。韩国民法上的所有权是所有权人依自身的意思可以全方位支配物的全面性、概括性支配权。❶ 由于韩国民法对所有权的代表性权能采纳了具体列举的立法态度，此做法实属不甚妥当。❷ 因此，有必要对该立法态度进行探讨。❸这是因为，所有权原来就是全面性、概括性的支配权。因此，持续性排除作为所有权权能之一部分的使用

❶ 张庚鹤：《物权法》，法文社1988年版，第365页。

❷ 对此，笔者认为采纳类似德国《民法》第903条的抽象性、概括性定义，在立法上更为妥当。因为，韩国民法针对侵权行为（又称，不法行为）或者债务不履行责任，作出了抽象性、概况性的规定，由此，沿用上述立法态度，针对所有权同样适用概括性规定，将更为符合法律整体上的立法态度。主张类似观点的学者有，柚木馨，判例物权法总论，东京：有斐阁，1960，407页。

❸ 有关韩国《民法》第211条修改方向的问题，可以参考尹喆洪：《所有权的内容（民法第211条）的修改方向，针对土地所有权的新认识》，景仁文化社2015年版，第36～58页。

权等时，不能认定为是侵害了所有权的本质。

（二）所有权规定的成立过程

韩国《民法（草案）》第198条规定："在法律范围内，所有权人具有使用、收益、处分其所有物的权利。"将日本民法上"在法令范围内的限制"修改成了"在法律范围内"。即将"限制内"修改成了"范围内"，同时删除了日本《民法》上类似条款中的"自由"一词。从这里可以发现，韩国从此踏上由过去所有权的绝对原则向包含了更多限制的所有权变迁之路。在制定韩国民法时，占据支配性地位的观点希望将韩国民法上的所有权，定义为包含了社会限制的所有权。[1] 在这一背景下，韩国《民法（草案）》第198条的规定，在未经修改下，直接收录成了《民法》第211条。特别是在制定民法时，就基于禁止滥用权利的法理，在民法通则部分还规定了禁止滥用所有权的规定。[2]

（三）土地所有权的效力范围

韩国吸收1907年德国民法和瑞士民法的观点，韩国《民法》第212条规定，"在存在正当利益的范围内，土地的所有权涉及地上和地下"。根据这一条款，土地所有权人可以完全支配土地。随着现代大规模开发、利用地下空间和上空，针对地下空间和上空的支配，近来越发变得重要。当然，针对所有权效力是否及于地表上的天然石、浦落地（过去登记于簿册上但现今降至水面下的土地）、地表的海面、未采集的矿物、地下水和温泉水的问题，仍有争议。此外，就有关大城市建设地铁或者高层建筑物使用地下空间的情形下，当存在正当利益时，完全可能产生分离地上权的问题和因征收地下土

❶ 第二十六次定期国会的记录第二十九号，民法案提案说明（张璟根委员长）；同国会的记录第三十二号，14～15页（玄锡护议员的发言）；民事法研究会：《民法案意见书》，一朝阁1957年版，第84页。

❷ 民事法研究会：《民法案意见书》，一朝阁1957年版，第84页。

地而导致的补偿等问题。近来，针对高层建筑物之上的空间使用问题也亟待解决。

三、韩国土地法和所有权的变迁

（一）概述

根据韩国《民法》第211条的规定，在法律范围内，所有权人具有使用、收益、处分其所有物的权能。此外，韩国民法典虽然就所有权作出了各类规定，然而在其他任何一处，都没能对所有权的概念作出具体规定。有关所有权的功能和行使方式，随着当今社会的迅速变化，发展出了不同于近代的路径。因此，在某些特定领域，更多强调了“占有”或者“接续权”的行使，而不再突出强调所有权中的“所有”。[1]

韩国民法上存在针对所有权作出直接限制的规定和通过解释才可以作出限制的规定。此外，根据韩国《宪法》第23条和《民法》第211条等制定的特别法，也可以对所有权作出不同程度的限制。这里的法律是指包含公法和私法的广义上的法律。包含于此领域的法律数不胜数。基于特别法对所有权作出的限制，产生和发展了不同形态的所有权法理。

（二）旧农地改革法（现为《农地法》）和现代意义上所有权的确立

1. 基于农地改革而确立的现代意义上的所有权

制定于1948年的韩国《宪法》第86条规定：“农地应当分配于农民。该分配方法和所有权的限度、所有权的内容和界限由法律规

[1] 尹喆洪：《所有权的概念及其限制的法理》，景仁文化社2015年版，第4页。

定。”根据这一宪法规定而制定的法律中，最具代表性的便是1949年的《农地改革法》。此法第1条规定，农地改革法的立法目的是通过将农地直接分配于农民，增进农户经济上自立和农业生产力，从而提高农民生活以及均衡发展国民经济。之所以在1948年《宪法》中明示农地改革的当为性，是因为光复后的韩国公民中大约80%的是农民，大部分处于与半封建性质地主之间的小作关系，即农民中，佃农制度下的佃农居多，绝大部分农民因高额小作费而处于水深火热之中。❶ 向农民分配农地的问题，不仅是经济层面上的棘手问题，同时也是社会政治层面上的敏感问题。基于上述必要性而进行的农地改革，不仅解放了数百年来基于小作地主制的农民，而且结束了过去基于高额小作费进行原始积累的殖民地经济和日本资本主义经济的支配体制。❷ 这一农地改革是促进韩国一大变革的措施。❸ 根据《农地改革法》，农地改革的最大成就便是大举创设了自作（耕）农。此类自耕农的创设，解体了半封建性、寄生地主性质的土地所有关系，解除了日本强占时期的农地所有关系，名实相符地解放了农民。由此，确立了实质上的土地所有权。此后，虽然仍有些许小作制度得以残存，然而因受到《宪法》和《农地改革法》的限制，不能获取高额小作费，此类小作制度的残存并非完全不利于小作农。❹

2. 针对土地所有权限制的开端

韩国制宪宪法（即1948年宪法）明确了财产权的保障和限制相关规定，同时，《农地改革法》再次通过明确农地所有权的限制，具

---

❶ 关于具体理由，可以参考韩国农村经济研究院：《农地改革史研究》，1990年，第434页。李景淑：《有关韩国农地改革决定过程的研究》，《韩国资本主义和农业问题》，Achim，1990年版，第84页。

❷ 农地改革史编撰委员会：《农地改革史上》，1970年，第321页。

❸ 权炳卓：《农地改革的过程和经济层面上的贡献：所有权的历史》，法源社1995年版，第219页。

❹ 有关具体内容可以参考尹喆洪，《对于农地改革的法史研究：所有权的历史》，法源社1995年版，第219页。

体化了针对土地所有权的界限，并且禁止了小作行为。这一作法是通过强调公共性和社会性，限制了作为近代民法基本原理的所有权绝对原则或者契约自由原则。特别是规定每人最多只能取得近三万平方米的限制，不得不认为有些过分。旧《农地改革法》第17条规定了禁止针对农地的租赁，同时1958年制定的《民法》第303条第2款也规定，农地不得成为传贯权（类似过去中国的典权）的目的。由此，基于不承认代理耕种者的法定地上权或者法定租赁权，可以认为农地所有权和农地使用权属于不可分离的权利。然而，韩国于2007年4月11日通过整合上述《农地改革法》和《农地租借管理法》等，制定了《农地法》（第8352号法律），继承了上述部分基本精神。即《农地法》第6条第1款规定，"除非以或者欲以自己从事农业经营的用途，不得所有土地"。由此，限制了非为农民的土地所有行为。此外，原则上农地不得委托经营（《农地法》第9条）或者租赁、借用（又称使用贷借）（《农地法》第23条）。就原则之外的例外情形而言，指的是为了防止农地的休耕而规定的诸多例外措施。

这里的问题是如何处理违反禁止委托经营、禁止农地借用条款等的人。首先，根据《农地法》第60条的规定，针对此类违反行为应当处以1000万韩元以下的罚金。那么，基于违反上述规定而签订的借用合同是否具有法律效力？本来禁止农地租借的目的是使得农民通过耕作而保全农地，同时防止非农民将农地作为投机对象，从而贯彻耕者有田的原则。从此类立法目的来看，上述禁止性规定作为强制规定，应当将私法上的效力解释为无效。韩国大法院也曾作出如下判决，即"不符合旧《农地法》第23条中规定之例外事由，却仍然不顾后果签订以租赁农地为内容的租赁合同，实属无效"❶。

---

❶ 大法院2017.3.15宣告2013Da79887、79894判决。

（三）所谓的土地公概念和所有权的限制

1. 土地公概念的意义

每当不动产投机蔓延时，韩国常常论及所谓的土地公概念。[1] 土地公概念作为转型土地政策的基本前提，认为土地并非是单纯的商品，而是人类生活和生产不可或缺的基础，因此不论该土地属于农地或者山林再或者是居住地，根据该土地具有的功能甚至性质或者地域，为了公共福利应当以最廉价、最有效率地提供使用，为此有必要对土地附加适当的限制。[2] 其他学者也出于类似的意图，认为土地公概念为有效管理和利用土地，提供了转型土地政策的必要性根据，同时为了实现转型土地政策，有必要对土地作出适当的限制。[3] 另有些学者认为，基于土地具有的多重意义和性质，为了强调土地的公共性质，并克服由于土地使用交易上私法自治所导致的社会问题，土地公概念实属体现土地财产权受到广泛社会拘束的一种表述。此外，韩国宪法法院的决定也明确了如下内容，即“为了保障所有人都享受作为人应当享有的生存权，土地所有权不再是绝对的权利，为了增进公共利益甚至公共福利时，可以对该权利负加义务或者进行限制，土地所有权并非神圣不可侵犯的权利，不得不受到来自实证法上的诸多义务和限制，此即土地公概念理论”[4]。

2. 土地公概念法的制定和变迁

韩国于1988年举办奥运会以后，不动产投机行为开始蔓延，政府为了具体实现土地公概念，制定了《关于宅地所有上限的法律》《土地增益税法》《关于开发利益收回的法律》。然而，上述三法仅

---

[1] 金南辰认为对土地公概念下定义，实属非明智的作法。金南辰：《自由市场经济体制和土地公概念》，《经济白皮书》，经济企划院1989年版，第366页。

[2] 徐元宇：《土地公概念：法与土地》，三荣社1982年版，第11页。金鐵容：《对于土地公概念的研究》，《大韩律师协会志》，1978年版，第29页。

[3] 郑权燮：《韩国土地公法》，学研社1985年版，第30~31页。

[4] 宪法法院1989.12.22宣告88HunGa13决定。

仅合理化了政治的决定，却未能充分考虑宪法上的争议，因此不久后由宪法法院作出了与宪法不一致甚至违宪的决定。❶ 2018年3月26日，文在寅政府向国会提交的第十次《宪法修正草案》中包含了所谓土地公概念的宪法修正条款。如，《宪法修正草案》第128条第2款明确，“为了实现土地的公共性和合理的使用，必要时国家可以根据法律作出特别的限制或者附加义务”。针对这一内容，有些学者提出质疑，认为宪法上已经规定了作为保障财产权条款的第23条，在草案中是否还有必要将不明确的概念规定于宪法之中。❷

3. 土地公概念是否为新的所有权概念

综合上述有关土地公概念的观点，可以总结出“土地在其特性上具有强社会性和公共性，为了公共福利可以对土地作出限制”。如果说土地公概念是为了强调土地具有强社会拘束性，那么也就没有必要创造出土地公概念这一新词汇，来强调土地的社会拘束性。❸ 因此，有必要尽可能不予使用“土地公概念”这一用语，可以使用“土地所有权的社会拘束性”和“土地所有权的限制”这类公认的用语代替之。❹ 具体而言，从公法的角度来讲，土地公概念可以理解为社会拘束性；❺ 从私法的角度来讲，可以解释为附加在土地上的诸多原则中有关限制原则的总和，即针对土地所有权的限制。以二元

---

❶ 例如，针对《关于开发利益收回的法律》第10条第3款的“但书”，宪法法院在其1998.6.25宣告95HunBa35、97HunBa81、98HunBa5、10中，决定为违宪；针对《土地增益税法》第8条、第10条等，宪法法院在其1994.7.29宣告92HunBa49、52中，决定为宪法不一致；针对《关于宅地所有上限的法律》第2条第1项乙目等，宪法法院在其1999.4.29宣告94HunBa37中，决定为违宪。

❷ 具体内容，可以参考郑永和：《土地公概念的宪法争论和展望》，发表于2018年4月21日召开于庆北大学的韩国土地法学会，《宪法修改和土地公概念》发表文，第15页。

❸ 主张类似观点的学者有曹圭昌：《私有财产制度的危机——土地公概念的虚构性和危险性》，《月刊考试》，1989年，第48~50页。

❹ 具体可以参考尹喆洪：《针对土地公概念的私法层面上考察》，《裵慶淑教授華甲記念論文集》，博英社，1991年版，第491页。

❺ 有关社会拘束性，可以参考，B. Bender, Sozialbindung des Eigentums und Enteignung, in: NJW 1965, S. 1299ff.; W. Leisner, Sozialbindung des Eigentums, 1972；金文顯：《有关财产权社会拘束性的研究》，首尔大学博士学位论文，1988年。

论的方式去理解土地公概念，在法理上更为妥当。[1]

（四）关于国土的计划以及利用的法律

1. 土地交易合同的许可制度

根据《关于国土的计划以及利用的法律》第 117 条第 1 款的规定，为了制定和执行有关国土利用和管理的计划、合理利用土地等，国土交通部部长或者市、道的首长可以针对由总统令规定的，盛行土地投机交易或地价急剧上升的地域或者有可能存在以上趋势的地域，在为期五年以内的范围，指定为土地交易合同许可区域。当就以上地域签订移转或者设定土地相关所有权、地上权的合同时，应当获得市长、郡或者区首长的许可（《关于国土的计划以及利用的法律》第 118 条第 1 款）。未经许可而签订的土地交易合同，不发生效力（《关于国土的计划以及利用的法律》第 118 条第 6 款）。根据此类规定，可知此种许可不同于公法上的许可，在土地交易合同需经许可的区域内，签订土地交易合同时，在未经许可而签署合同的情形下，因合同无法满足交易合同的成立要件，因而无效。这类规定，对私法上的土地交易设定了较强的所有权限制。

2. “有关流动的无效”法理的判例态度

在韩国大法院于 1991 年 12 月 24 日宣告的 90Da12243 全员合议庭判决中，通过适用当时韩国民法学解释论上较为生硬的“流动的无效”法理，解决了有关土地交易许可的复杂法律问题。即大法院判决“针对获得许可之前的交易合同而言，如果交易合同的初衷就是为了排除或者规避法律限制而签订的，该合同必然属于无效，不存在变为有效的余地。如果交易合同是以将来获得许可为前提而签订的合同（不属于排除或者规避法律限制的合同，属于此情形），该合同在获得许可前，在法律上属于未完成的法律行为，移转或者设

[1] 李英俊：《韩国民法论：民法总则》，博英社 2003 年版，第 11 页。

定所有权等权利的交易，不发生效力，这与上述无效合同相同；然而，当该合同获得许可时，发生溯及效力，该合同自始有效；当该合同未获得许可时，亦即成为无效合同。因此，可以视该合同在获得许可前，属于流动的无效状态。以将来获得许可为前提而签订的交易合同，在获得许可前，不发生债权效力，因而不可提出有关权利移转或者设定的履行请求。然而，当该合同获得许可，将发生溯及效力而变为有效合同，因而在获得许可后，无须重新签订交易合同”。

在实务中，签订土地交易合同的当时或者签订合同之前，通常很难获得相应政府的许可。因此，在制定《关于国土的计划以及利用的法律》中以许可作为有效要件的条款时，受到了学界的批判，称该条款属于背离交易实务的非现实性立法。然而，基于上述大法院判决，很大程度上缓解了实务与法律适用上的背离现象，也为陆续解决其他法令问题提供了端绪。

（五）景观法和景观利益的法理

1. 景观法上景观的意义

韩国《宪法》第35条中规定，“所有国民享有生活在健康而舒适环境中的权利”，由此对环境权作出了规定。然而，此类环境权若想转化为私法上的权利，需要有法律的明文规定或者通过整合相关法令之规定的目的、逻辑，具体化权利主体、对象、内容、行使方法等。[1] 在私法领域，组成宪法上环境权的个别权利中，主要问题是日照权和瞭望权以及景观权等的内容。[2] 在这些个别权利中，特别是“景观”这一用语，频繁使用于不动产公法和相关特别法中，在判例

[1] 大法院1995.5.23宣告94Ma2218判决。

[2] 有学者将此种类的权利，称为环境享有权。郑宗燮：《宪法学原论》，博英社2008年版，第749页。

中通常与“瞭望”一词并行使用。[1] 就景观而言，根据《景观法》第2条第1项的规定，景观是指基于自然、人工、居民生活状况等，形成的地域环境性特征的体现。

2. 景观利益的权利性认定与否

是否可以将景观利益视为一种权利来保护？如果将景观权或者景观利益理解为宪法上保障的个别环境权，那么也许可以将该景观利益视为一种权利。[2] 大法院在其判决中指出，“若想将环境权认定为私法上的权利，那么应当存在法律上的明文规定或者根据相关法令的目的以及逻辑来看，该权利的主体、对象、内容、行使方法等，应当能够被具体确定”[3]。由此，具体说明了权利性的认定要件。为此，景观利益若想以权利的身份获得保护，需要有法律的明文规定或者具备其他具体要件。基于此类观点，目前韩国并无明文规定景观利益为权利的法律，同时，判例基于客观要件，有限地认可部分景观利益。然而，当邻接土地所有权人的景观利益侵害，构成基于《民法》第217条的留置请求权要件[4]或者构成基于《民法》第750条的损害赔偿请求权要件时[5]，应当认可基于侵害景观利益的私法上的救济。

3. 景观法与土地所有权的限制

韩国通过40余部法律，规定了景观相关内容，以多种形态规范了“景观”的形成、保全、维持问题。[6] 景观利益属于广义上的环

---

[1] 大法院1995.9.15宣告95Da23378判决；大法院1997.7.22宣告96Da56153判决。

[2] 有关景观法上景观利益的权利性，可以参考尹喆洪：《有关景观利益保护的私法考察》，景仁文化社2015年版，第265页。

[3] 大法院1995.9.15宣告95Da23378判决。

[4] 李相旭、裵圣浩：《关于景观利益保护的法律考察》，《比较私法》，第13卷第4号，2006年，第415页。

[5] 金敏圭：《景观利益的侵害与不法行为责任之间的遭遇》，《土地法学》，2011年第27-2号，第136页。

[6] 文相德：《景观法和地方自治》，载《地方自治法研究》，2008年第8卷第4号，第14页。李憲錫：《景观法上景观协定制度的改善方案》，载《土地公法研究》，2010年第48辑，第71页。

境利益，因此，可以将景观利益视为宪法上环境权的范畴，从而依环境权予以保护。此外，还可以基于民法上所有权的妨害排除请求权（《民法》第214条）或者相邻关系规定（《民法》第217条）予以保护。

（六）名义信托和不动产实名制法的法理

1. 名义信托的意义

根据大法院判例，名义信托是指在对内关系中，信托者保有所有权，享有管理收益，簿册上记载的所有权名义为受托者，此时当行为非为虚假意思表示时，信托恒为有效。[1] 根据名义信托，对外而言，非为真正所有权人的簿册上，所有权人登记仅有外观特征，即意味着具有名义信托时的所有权名义。就信托财产而言，应当以簿册为依据，公示所有关系。因此，若为可以公示的所有关系，那么不问其目的为何，名义信托可以成立。

2. 依不动产实名制法的所有权限制

根据《不动产实名制法》第3条第1款的规定，自1995年7月1日以后，就不动产相关物权，不得以名义信托约定为由而以名义受托人之名义登记于簿册。违反上述规定的名义信托约定，不发生效力（《不动产实名制法》第4条第1款），针对依名义信托约定而进行的登记而言，不发生该不动产物权变动效力（《不动产实名制法》第4条第2款）。然而，在为取得不动产物权的合同中，当名义受托人为一方当事人，而相对方当事人无从知晓存在名义信托约定之事实时，该合同发生效力（《不动产实名制法》第4条第2款“但书”）。

根据《不动产实名制法》第5条第1款的规定，针对违反本法第4条之禁止约定名义信托规定的人，处以相对于不动产价格30%的行政罚款，同时处以五年以下的徒刑或者2亿韩元的罚款（《不动

[1] 大法院1965.5.18宣告65Da312判决。

产实名制法》第7条第3款)。对于教唆者和依名义信托约定而进行登记的名义受托人而言，处以三年以下的徒刑或者1亿韩元以下的罚款(《不动产实名制法》第7条第3款)。

针对宗族财产(又称宗中财产)和夫妇之间的名义信托而言，当名义信托之目的非为逃税或者免除强制执行再或者规避法令上之限制时，例外性的不予适用禁止规定、行政罚款、履行强制金以及刑事处罚等(《不动产实名制法》第8条)。

3. 对内外的所有权分化法理

根据《不动产实名制法》上例外性的夫妇之间或者宗族代表的名义信托而言，其在法理上具有效力。因此，将发生如下所有权的分化问题。信托者具有的事实上所有权，即对内的所有权和受托者具有的法律上所有权，即对外的所有权。根据判例，在名义信托的对内关系中，信托者是所有权人，因此为了成立名义信托，在发生名义信托之前，信托者应当具有确定的所有权。然而，由于韩国采纳不动产物权变动的形式主义，省略了中间登记状况的记录，信托者终究无法取得所有权。因此，依照名义信托对内保留所有权的情况，无法在韩国存在。

四、结语

土地具有受其所处地域情况拘束的性质，因此，各国都有其不同的土地法。步入现代的韩国也制定、实施了有效利用土地的多种法律。这类法律中主要是限制所有权的法律。然而，如果过度规制甚至限制土地交易或者所有权，将导致经济上的问题，因此与针对交易的限制和扶持政策常常交替产生。

现代韩国的土地法，特别是在私法领域，韩国创制了诸多土地所有权相关法律制度和法理。就当今的所有权而言，认为其限制内在于所有权概念之中。韩国同样基于所有权的内在限制观点，根据有关土地所有权的特别法或者民法解释，对所有权作出了诸多限制。根据此类限制，发展了流动的无效法理、名义信托理论、信托所有权、所有权分化、开发权、景观利益等不同的法理。韩国根据这些法理和通过发展这些法理，仍在继续摸索扩大土地利用权能的最大化方案。

韩国近来存在修宪动议，基于此，土地公概念的说法又引起了热议。土地公概念并非法律上的用语，而是政治乃至舆论界使用的用语，是为了强化土地的社会性而产生的词汇。即使在宪法上未规定此类土地公概念，也可以通过既有现行法律予以贯彻其目的。此类土地公概念，不应当停留在用以描述强化单纯公共性甚至土地所有权的规制或者限制，而是应当通过具体研究，早日制定具有实践性的后续立法措施。

The History of Private Land Law in the Republic of Korea

[Korea] Yoon Cheolhong

Abstract: This study has undertaken a historical review of the modern Korean land from a judicial perspective. In particular, the review focused on the private laws enacted for the efficient use of land, centered around land ownership under the Korean civil law.

Given the nature of being bound by circumstances in which land is located, each country has different land laws. Korea has enacted many laws restricting ownership primarily for the efficient use of land given its narrow territories. However, over regulation or restriction of land transaction or ownership could lead to economic issues, so restrictions on the transaction and stimulus policies are always crossing each other as a matter of reality.

In Korea, various legal systems and laws have been created in connection with land ownership. In particular, the restrictions are inherent in ownership today. Korea's land ownership rights are subjected to various restrictions by the interpretation of special laws or civil law. Such restrictions have brought about the development of various legal principles such as the theory of fluid nullity, theory of title trust, trust ownership, development right, and landscape interest, etc. Even today, such legal principles are seeking ways to maximize the power of land use.

Keywords: Land Law in the Republic of Korea; Land ownership; Theory of fluid nullity; Theory of title trust; Trust ownership

韩国土地公法史❶

［韩］崔承元* 全姬** ［韩］成允姬***

内容摘要：本文主要检讨韩国公法领域的土地法制变迁历程。韩国以规制国民财产权为方向制定及修订了相关土地法律，通过合理有效利用土地促进国土资源均衡发展、增进公共福利。尽管过去韩国为了土地法制体系化做了很大努力，但土地相关法制未能实现克服时代变化引发的状况，以及进行必要的分散性整顿和限制的立法需求。法律体系的规范整合性以及完成度不足、计划缺乏连接性、国土管理及规划不善，导致土地利用混乱、以居民为核心的利害关系人参与计划不足、欠缺实效性、缺乏环境保护反馈等诸多问题。土地法制应协调土地的社会拘束性以及公法规范，并且考虑到土地

---

❶ 本文是在“中韩国土空间管制法律研讨会”上发表的论文基础上加以修正和完善而成。

* ［韩］崔承元，韩国梨花女子大学法学专门大学院（Ewha Law School）教授，研究方向：土地法学。

** 全姬，韩国自治法研究院高级研究员，辽宁大学法学院助教，研究方向：行政法、土地法。

*** ［韩］成允姬，韩国自治法研究院（Senior researcher of Autonomy Law Institute）高级研究员，研究方向：行政法、IT 法，地方自治法。

既是生活基础又是有限资源的特性，应以双面协调视角将内容体系分为所有和利用、管理和保全、开发和纠纷解决三个部分，这也应该是日后土地法典的形成体系。

关键词：土地公法　国土计划　土地计划法制

一、绪论

“土地”是人类生存的基本要素，从经济学视角来说能成为生产要素或资本的地块称为“土地”。韩国的土地制度继受西方现代土地所有权的概念，基于该法律观念进行了相关立法并由此形成了韩国现代土地制度。[1] 土地作为重要的私有财产权之对象，私人生活关系的目的物，也是私法法律关系的重要客体。与此同时，为了有效利用、开发和保全国土资源，土地亦是受公法管辖的对象，据此可以看出土地相关法制既属于公法，也属于私法。[2]

“土地公法”中的土地指作为公民生活空间的国土空间。[3] 国家通过合理有效利用国土促进国土资源的均衡发展，增进公共福利。因此，国家以规制国民财产权为方向制定及修订土地公法及个别法律。以下从公法层面阐述韩国相关土地法制的变迁过程。

二、土地法制的变迁

（一）公法规制的必要性

土地作为国家的组成部分，是人类生活最基本的要素，也是所有权和财产权的对象。对土地的利用、管理、保全及开发是国家和

[1] 류일용，우리나라 토지제도의 발전에 관한 연구，토지공법연구제19권，2003：688－679.

[2] 김해룡，토지법의 기초 이론，토지공법연구，한국토지공법학회제20권，2003：2.

[3] 정태용，《토지공법개론》，세창출판사，2007：3.

社会面对的共同课题。随着社会的发展，各类土地问题接踵而来，其中最具代表性的“不动产投机”已成为严重的社会问题。

韩国原则上承认土地私有制，但土地作为生活基础和有限资源的特性，不能单单沦为财产增值的工具。因此，为了树立健全的土地使用秩序，需要一定程度的公法规制，如调解公、私之间的利害关系等。❶

（二）20世纪60年代

因遭受日本帝国主义侵略和朝鲜战争的巨大破坏，对当时韩国来说，开发国土资源和城乡土地迫在眉睫。20世纪60年代韩国的土地政策主要集中于支持大规模国土开发项目。大规模项目包含经济开发5年计划、蔚山工业区建设、京釜高速公路建设等。1961年12月2日，为确保能够成功执行紧急国土建设事业，制定了《国土建设团法》，其目的是确保和集中管理该事业的原动力即劳动力。❷

1961年12月31日，为使农业经营合理化并提高农业生产力，以改良、开发、保全农地，维持和增加粮食以及其他农产物产量为主要目的，韩国制定了《土地改良事业法》。

1962年1月15日，为确保公共需求用地，同时增进公共福利和平衡私有财产权为主要目的，废止了根据《制宪宪法》第100条规定依用的《土地征收令》（1911年，制令第3号），制定了《土地征收法》，规定了征收和使用公益事业所需土地的相关事项。❸

---

❶ 이재삼，토지법제의 체계화 방안에 관한 연구，토지공법연구제39권，2008：104-105.

❷ 主要内容有：1）为了有效执行国土建设项目，国土建设厅下设有国土建设团；2）国土建设团编成支团、分团、建设队及勤务队；3）建设兵从征兵适龄者中以不适合现役者和根据勤务动员相关法律动员者等人员充当；4）团在执行业务过程中有必要时可以从国库得到支援；5）团的期间要员的身份准用国家公务员，建设员的身份准用现役兵；6）建设员的服务年限是18个月，志愿者的服务期限是12个月，服务期满视为履行兵役法上的现役服务。

❸ 具体规定土地征收或者征用的程序：①为了裁决土地的征收或者征用相关事宜，计划经济院设有中央土地征收委员会，首尔特别市及都设有地方土地征收委员会；②因土地征收或者征用导致的土地所有者或者关系人收到的损失由企业进行补偿；③规定了对土地征收委员会的裁决不服者，可以进行异议申立程序。

1962 年 1 月 20 日，韩国制定了以规范城市建设和改良事项为目的的《都市计划法》，规定地域地区制、都市规划委员会等内容，其中包含 1934 年《朝鲜市镇计划令》中土地区域整理事业领域的相关内容，而建筑领域内容包含在同一天单独制定的《建筑法》中。而且又在同一天制定了促进住宅建设及改善不良住宅为目的的《大韩住宅公社法》。❶

1963 年 10 月 14 日，为综合利用、开发和保全国土的自然条件，优化工业园区和生活环境，规制国土建设综合计划和进行国土调查等制定了《国土建设综合计划法》。

1963 年 11 月 30 日，为力求稳定公民的居住生活，为地方自治团体和大韩住宅公社与政府协助建设公用住宅，为无房人员提供住处制定了《公营住宅法》。❷ 另外，在土地区划整理项目中除《都市计画法》的规定外都适用《土地改良事业法》，因此导致了两部法律混用的问题。为了改良法律缺陷并促进土地区划整理项目，1966 年 8 月 3 日，制定了单行法律《土地区划整理事业法》。❸

（三）20 世纪 70 年代

20 世纪 70 年代，韩国政府优先确保经济开发用地的行为导致地

---

❶ 公社的主要事业是：1）住宅的建设、改良、供应及租赁；2）住宅的建设、改良及管理的受托；3）集体建设或管理住宅的情况下必要的福利设施的建设及管理；4）住宅建设资材的取得及介绍；5）大地的造成及供应；6）前项规定的事业（中）附带的业务等。

❷ “公营住宅”是指从政府得到贷款或者扶助地方自治团体或者大韩住宅公社建设后，用便宜的传贳金额或者租金出售给无住宅国民的住宅。

❸ 主要内容有：1）都市区域内的地区追加了高度地区、业务地区、保存地区、临航地区、停车场整备地区，原则上可以指定 10 种地区，各地区内的建筑等的限制和禁止事项除了本法规定以外依照建筑法等的规定；2）防止产业、人口的过度集中，必要时可指定特定设施限制区域，限制设定一定规模以上的工厂、学校、中央批发市场等；3）为了防止都市的扩散、保全都市周边的自然环境，必要时都市周边地区指定为开发限制区域，不得实施违反当初指定目的的都市计划事业；4）都市临近地区指定为都市开发预定区域，决定都市计划；5）新设零细土地分割的许可制；6）新设共同区；7）新设再开发事业的执行程序相关的规定；8）新设地方都市计划委员会；9）为了保护私权，新设了（关于都市计划的时效性制度）、都市计划设施所有权人的土地购买请求权、（造成/建造/营造）土地上厚土地所有权人的优先转让制度。

价急剧上升，于是不得不采取调整地价的政策。强有力的工业化政策和产业结构的提升，使大量人口集中在城市周边，城市迅速扩张引发了各种城市问题，1971 年 1 月 19 日全面修订《都市计划法》。作为对策重建了狭窄的街道和建筑物老化的不良城区，修复道路和建造新的建筑物。这些政策主要是为寻找预计形成新城市的区域及吸收城市一些功能的大力发展、建设的副中心或新城镇。❶

1972 年 12 月 30 日制定了《国土利用管理法》，以此确立了土地利用的基本规划和施行计划，并对国土整体实施用途地域制，以使土地能系统地利用。❷ 1978 年 12 月 5 日 修订了《国土利用管理法》，加强对土地交易的公共规制，防止对土地所有权的偏重和无节制使用及土地投机，并为回收开发利益、制定土地规制区域、土地交易合同许可制度以及申告制度奠定基础。❸

---

❶ 主要内容有：1）都市区域内的地区追加了高度地区、业务地区、保存地区、临航地区、停车场整备地区，原则上可以指定 10 种地区，各地区内的建筑等的限制和禁止事项除了本法规定以外依照建筑法等的规定；2）防止产业、人口的过度集中，必要时可指定特定设施限制区域，限制设定一定规模以上的工厂、学校、中央批发市场等；3）为了防止都市的扩散、保全都市周边的自然环境，必要时都市周边地区指定为开发限制区域，不得实施违反当初指定目的的都市计划事业；4）都市临近地区指定为都市开发预定区域，决定都市计划；5）新设零细土地分割的许可制；6）新设共同区；7）新设再开发事业的执行程序相关的规定；8）新设地方都市计划委员会；9）为了保护私权，新设了都市计划实效、都市计划设施用地所有者的土地买收请求权、造成大地的原土地所有者的优先转让权等。

❷ 规定了根据国土建设综合计划的土地利用计划的立案、决定和其实施相关的事项。以有效的计划、管理土地和提高土地的利用价值为目的：1）土地利用计划分为土地利用基本计划和土地利用施行计划，以此作为其他土地利用相关法令的基本；2）土地利用基本计划由建设部长官立案，通过国土建设综合计划审议会和国务会议的审议后进行告示；3）土地利用施行计划由都知市立案经过建设部长官的调整和都建设综合计划审议会的审议后进行告示；4）用途地区及用途地区内的土地所有者利用土地时，要符合土地利用计划的目的和内容；5）规定用途地区及用途地区内的各种行为和限制；6）对总统令规定的地区告示基准地价，设有评价地价的土地评价师。

❸ 主要内容有：1）阐明了国土利用的基本理念；2）奠定了开发负担金及开发利益回收制度的根据；3）土地的投机交易盛行或者有盛行的可能性及地价上升或有可能上升的区域指定为规制区域，指定期间为 5 年；4）规制区域内一定规模以上的土地交易合同为许可制，规制区域外的一定规模以上的土地交易合同为申告制；5）许可、申告对象的一定规模以上土地超过 2 年没有适当利用的可以通知为闲置地而促进开发。

另外，从1972年到1981年在韩国实施了第一次国土综合开发计划。该计划的基本目标是国土利用管理效率化、扩充开发基础、铺装国道、保护和保全自然资源、改善国民生活。此计划的推进方式是据点式开发，其目的是为了分散集中在首尔和釜山的人口和工业机能，在全国各地建立大规模工业园区，优化交通、通信、水资源以及能源供应网，发展欠发达地区的区域功能。此外，考虑到每个地区的独立性，将全国国土划分为8个区域，并确认每个区域的功能以此进行土地开发。首次国土开发计划取得了很多成就，但同时也有副作用：第一，由于工业化和城市化使城市人口急剧增加，导致住宅、下水道等城市基础设施不足；第二，由于据点开发引起的问题导致国土开发两极分化加剧，以20世纪80年代为例，占全国59.5%的人口及81.6%的工业生产值都集中在连接首尔和釜山大约22%的国土面积上；第三，工业化过程引起的环境公害问题突出。❶

（四）20世纪80年代

由于20世纪70年代的产业化和工业化，导致80年代韩国城市人口激增，出现住房供应不足的现象，由于低利率、低油价、低美元的三低现象和1988年汉城奥运会等史无前例的经济景气现象，投机资金大量涌入不动产市场，房价和租金每年都在暴增，房地产投机成为固着化的社会问题。

1980年12月31日，为了稳定无房公民的居住生活及解决城市地区住房紧张问题，国家制定了《宅地开发促进法》。政府采取供应开发的方式大量获取住宅建设所需的可用土地，并以低价开发和供应。❷

❶ https：//terms. naver. com/entry. nhn? docId = 1177348&cid = 40942&categoryId = 33385（2019. 5. 22）

❷ 主要内容为：1）建设部长官可以根据住宅建设促进法的宅地供求计划的规定，将集体开发宅地所需的地区指定为预定地区；2）在预定地区内进行土地性质的变更、建筑物的建筑等要得到管辖市长或者郡守的许可；3）宅地开发事业由国家、地方自治团体、韩国土地开发公社或者大韩住宅公社中建设部长官指定者实行；4）事业施行者为了执行宅地开发事业可以征收、征用土地等。

1980年4月，卢泰愚政府为了稳定暴涨的房价和解决住房短缺问题，推出了一期新都市建设计划。包括首尔近郊的京畿道城南市的盆唐新都市、高阳市的一山新都市、军浦市的山本新都市、富川市中洞新都市、安养市坪村新都市等5个新都市，1992年年底完成入住，形成了一个拥有29.2万户家庭117万人口的大型住宅居民区。由此，1985年住房供应率下降为69.8%，不过在1991年又上升到74.2%。

另外，土地作为私有财产的同时也具有公共特性，因此需以公益优先限制土地所有权及合理使用土地。为了规制土地交易并支持实际需求者拥有土地，将开发利益看作不劳所得进行回收，遏制企业持有过多的土地，提高土地利用效率。为此，韩国于1989年12月30日，制定了所谓的土地公概念三法。为了促进宅地供应和谋求公民居住生活安定，制定了《宅地所有上限相关的法律》，规制过多拥有宅地的行为和诱导公民均匀所有宅地，设定了作为公民居住生活基础的宅地的所有权上限，设定了居住在首尔特别市和5个广域市的个人和法人所有的宅地面积上限，超过上限的宅地部分将收取超过所有负担金。[1] 该法律于1998年9月19日被宪法法院的违宪决

---

[1] 主要内容是：1）根据此法宅地所有限制的适用对象为都市计划区域内的宅地；2）所有上限制的适用对象宅地的范围为地目为垈的土地中的裸垈地、与地目无关的住宅附属的土地、根据相关法令建筑用途开发的宅地；3）1户可以所有的宅地面积上限，首尔特别市等6大都市为660平方米、6大都市以外的城市的市级地区为990平方米、其他邑、面都市计划区域为1320平方米，员工宿舍用宅地、不是住宅的建筑物、建筑用宅地、住宅建设或者大地造成事业宅地等情形，超过上限面积也可以在得到许可后取得；4）法人原则上无法所有宅地，员工宿舍用宅地、不是住宅的建筑物、建筑用宅地、住宅建设或者大地造成事业宅地等情形，超过上限面积也可以在得到许可后取得；5）个人超过所有上限面积取得的宅地或者法人取得的宅地在一定期间（5年的范围内总统令规定的期间）内可以出售、转让和租赁、利用、开发；6）对个人所有宅地超过所有上限面积的宅地或者法人所有的宅地，原则上赋予、征收超过所有负担金，超过所有负担金计算方式为对象宅地乘以一定征收率，超过所有期间为2年以内的征收率按年6%（建筑住宅的宅地按4%）收取，超过2年的按年11%（建筑住宅的宅地按7%）收取；7）对有负担金缴纳义务的人员对其宅地，可以请求国家买收。此时国家对其宅地进行拍卖或介绍等方式的出售，为期1年。在没有出售的情况下由国家进行收购。

定废除。[1]

各种开发项目和其他社会、经济因素导致了地价上升，由此产生的开发利益成为所有权人的私有财产。为了防止以开发利益为目的的投机行为，政府制定了《开发利益回收相关法律》，[2] 目的是引进开发利益回收制度，政府回收地价上升的一定金额，促进有效利用土地。此法通过多次的修订历经变化发展至今。

此外，主要以期待地价上升而保有的闲置土地以及非办公用地等，因各种开发项目或者社会、经济因素导致超过正常地价大幅上涨，对此，通过土地超过利益税来回收所有权人在持有阶段获得的超过地价的一定数额利润，以此改善转让所得税制，解决只以开发利益为征税对象的局限性。凭借对地价上升得到的资本利益征税，提高了经济、社会的公正性和平衡性，稳定了地价以及提高了土地有效利用率。

《土地超过利得税法》[3] 曾有"对未实现的利益征税是违宪"的

---

[1] 不能认定所有目的和宅地功能的情况下，一律规定200平为所有上限，在任何情况下任何人都不可以取得200平以上宅地的规定，严重侵害宪法上的财产权。[1999.5.29. 宣告94宪ba37等]。

[2] 此法的最初内容如下：1）开发事业施行者取得的开发利益是根据此法的开发负担金，开发事业周边地区的土地所有者获得的开发利益，根据土地超过得益税法的土地超过利益税进行征收；2）开发负担金征收额的50%归属为地方自治团体，土地超过利得税征收额的50%让与地方自治团体，剩余金额转入到土地管理及地域均衡开发特别会计；3）开发负担金的征收对象事业是宅地开发事业，工业园区造成事业，高尔夫球场建设事业等。

[3] 主要内容是：1）对闲置土地等发生的土地超过利益赋予土地超过利益税，纳税义务者为其土地的所有者；2）维持土地开发或者住宅建设事业的政府投资机关等持有的开发事业用土地等减免土地超过利益税额的50%；3）土地超过利得税额的征税期间为3年，征税期间从征税开始年度的1月1日起到征税日期终止年份的12月31日，起初的征税期间为1990年1月1日到1992年12月31日；4）土地超过利得税额的征税计算方式如下，地价为公示地价为基准，市长、郡守、区厅长算定的个别块的基准市价为原则，正常地价上升率是全国平均地价变动率和定期存款利率中以高的利率为准，30%以内可以以总统令调整。征税标准 = 征税期间截止日的地价−征税期间起始日的地价−以征税期间起始日地价适用的正常地价上升率计算的正常地价上升份−改良费及资本支出额；5）土地超过利得税的税率为50%。

争议，但是宪法裁判所以“怎样设定征收方法，解决征税期间土地利得税缴纳与否和金额确定的难题，未能解决转让税和双重征税的问题”等为由做出与宪法不一致决定。[1] 此法在1998年12月28日同样被废止。

（五）20世纪90年代

20世纪80年代末因开始引进土地公概念制度和经济发展停滞等原因地价开始稳定，90年代土地制度由直接的市场介入政策转为市场管理政策。为了顺利供应国民经济生活所需的土地，政府将10个用途地区简化为5个区域，分别是都市区域、准都市区域、农林区域、准农林区域以及自然环境保全区域；将以保全为主的国土利用管理体制改为保全和开发可协调的体制。1993年8月5日政府以均衡开发国土为由修订了《国土利用管理法》，其内容包括缓和民间土地开发规制政策，以及将准农林区域内的行为限制从Positive方式变更为Negative方式等。[2] 由于1997年的金融危机，作为克服金融危机的一环，各种对不动产的规制大幅缓和，因此，土地公概念相关制

---

[1] 征税对象的资本利益范围局限在实现的所得或者包括未实现利益与否，是综合考虑征税目的、征税所得的特性、征税技术上的问题等判断的立法政策上的问题，不认定为抵触宪法上的租税法概念，也不认定为是有矛盾的不可两立的概念。[1994.7.29. 宣告92宪ba49等]。

[2] 主要内容有：1）原国土利用计划上的用途区域分为都市区域、聚落区域、耕地区域、山林保全区域、工业地区等10个地区。将此分类减为5个，分别是都市区域、准都市区域、农林区域、准农林区域及自然环境保全区域；2）对不是农林振兴区域的农地和准保全林地对其利用及开发进行严格的限制，以此设为准农民地区限制必须要规制的行为，如环境污染成度严重的设施或大规模开发等行为等，其他行为缓和为广泛的允许。为了促进土地的利用、开发，对根据国土利用管理法和农渔村发展特别措施法、山林法重复规制的农业振兴区域的保全林地的行为限制，只在农渔村发展特别措施法和山林发等个别法进行规制；3）土地交易许可区域内进行土地交易时，目前采用价格审查制施行，实际上其无时效性及规制性，因此废止；4）得到土地教育许可之后不按照其许可目的适用的土地，可以给予200万以下的罚款，并优先决定为闲置地；5）土地交易许可区域内的土地为农地或林业时，目前除了对土地交易的许可外要根据农地租赁管理法要得到农地买卖证明或者根据山林法的林业买卖证明，因此导致交易规制重复。日后得到土地交易许可就视为得到农地买卖证明或者林业买卖证明。

度也趋于缓和甚至被废止。

（六）21 世纪

随着《国土利用管理法》等法的修订，大幅度的放缓规制致使出现了以准农林区域为中心的无计划乱开发和环境污染、毁损自然景观，以及因开发共同住宅所导致的大量基础设施不完善的现象。为了解决乱开发等问题，韩国对国土计划相关法律进行了全面的改编。2002 年 2 月 4 日，废止了《国土建设综合计划法》并制定和改善、发展了《国土基本法》。明确规定建立、施行国土相关计划及政策时的理念和基本方向，为体系化实践设定制度性机制，力求国土的可持续发展。[1]

同时，对在都市区域施行《都市计划法》，在非都市区域施行《国土利用规划法》的二元方式进行管理。随着国土乱开发问题的出

---

[1] 主要内容有：1）国土管理的基本理念在于国土的可持续发展，为了实现其理念的树立、执行国土计划及政策时符合国土的均衡发展，形成有竞争力的国土条件和环境亲和型的国土管理（法第 2 条乃至第 5 条）；2）国土计划区分为国土综合计划、都综合计划、市郡综合计划、地域计划及部门别计划，明确相互间的关系等谋求计划间的协调和一贯性（法第 6 条乃至第 8 条）；3）以国土全域为对象，为了提出国土长期的发展方向，建设交通部长官要根据整备国土空间的结构、地域别机能分担、国土间设施的扩充、地下空间的合理利用及管理、国土环境的保全及改善等，树立包含长期政策方向的国土综合计划。通过国土政策委员会及国务会议的审议，得到总统的认可后可确定（法第 9 条乃至第 12 条）；4）为了提出长期发展目的及战略，道知市建立包括整备地域空间结构、地域内的机能分担、土地的用途别利用及计划管理等事项的道综合计划（法第 13 条乃至 15 条）；5）中央行政机关的长或者地方自治团体的长为了符合地域特性的整备和开发，可以设立首都圈发展计划、广域圈开发计划、特定区域开发计划、开发促进地区开发计划等区域计划（法第 16 条）；6）中央行政机关的长，以国土全域为对象对所管业务要树立部门别计划，设立部门别计划后立即通报给交通部长官（法第 17 条）；7）考虑到国土综合计划的实践成果和社会经济的变化条件，每 5 年要再检讨和整备道综合计划、市郡综合计划、区域计划及部门别计划的相互冲突或者不符合国土综合计划的情况，此时通过国土政策委员会的审议，可以进行调整等谋求国土计划的有效推进（法第 18 条乃至第 22 条）；8）为国土计划和政策能够合理的树立、执行，规定构建国土信息体系，包括国土的计划及利用相关的年总报告书和国土调查相关的事项。（法第 23 条乃至第 25 条）；9）为了审议国土的计划及利用、管理相关的重要政策，设有总统所属下的国务总理为委员长的国土政策委员会（法第 26 条乃至第 27 条）。

现，2002年2月4日，将《都市计划法》和《国土利用管理法》进行统合，制定了《国土计划及利用相关的法律》，以便非都市也能依照《都市计划法》的都市计划技法，并从2003年1月1日开始实施。❶

随着经济社会的发展，个别法令中根据不同的目的大量引入土地利用规制导致区域、地区复杂化，公民无法轻易了解土地利用规制的内容等，给公民经济生活带来诸多不便。因此严格限制新设区

---

❶ 主要内容如下：1）全国土地从之前的5个用途区域（都市、准都市、农林、准农林、自然环境保全区域）缩减为4个用途区域（都市、管理、农林、自然环境保全区域），为了解决乱开发问题，将准农林地区细分为保全管理区域、生产管理区域、计划管理区域进行管理（法第6条乃至第36条）；2）合理利用土地并最小化土地的重复规制，发生根据其他法律指定的一定面积以上的地区、区域、地区等情形时，事先与建设交通部长官进行协议或者得到承认后实施（法第8条）；3）对之前为适用对象的非都市地区，也树立综合的都市基本计划及都市管理计划，构建按照计划进行先计化后开发的国土利用体系（法第18条乃至第24条）；4）都市管理计划要符合广域都市计划及都市基本计划立案。都市和农村、山村、渔村地区的都市管理计划要根据相应地区的人口密度、土地利用的特性、周边环境等因素综合考虑后差等化立案（法第25条）；5）市、道知事决定都市管理计划的时候要经过都市计划委员会的审议，对建筑物的高度，建筑物的配置、形态、色彩等相关事项和景观计划相关的事项要经过建筑委员会和都市计划委员会的共同审议（法第30条）；6）计划管理区域或者开发振兴地区开发需要比较多的地区时，可以比别的地区缓和适用建蔽率、容积率等并指定为第2种单位计划区域，以防止降低土地效率、因高密度开发的基础设施不足、环境毁损等问题（法第51条第3项及第52条第3项）；7）建筑物的建筑、土地的形质变更等情况下，施行之前要获得开发行为许可，开发行为许可制度在都市地区范围内施行，日后将会扩大为全国土地。另外，许可权人对一定的开发行为进行开发行为许可时，事先要通过都市计划委员会的审议（法第56条及第59条）；8）开发完成后无法再设置基础设施的地区，不得再追加开发，以免导致基础设施的容量不足。因此引进了强化建蔽率和容积率的开发密度管理区域制度（法第66条）；9）集中开发新闻给道路、下水道等基础设施的有必要从新设置的地区进行开发行为的人员直接设置基础设施或者引进把设置必要的费用交付给市长、郡守的基础设施负担区域制度，规定要把设置的基础设施的种类，费用的负担基准，基础设施负担计划等事项（法第67条乃至第75条）；10）农林区域和自然环境保全区域为了强化防止农林区域的毁损，农林区域的建蔽率从之前的60%以下改为20%以下，容积率从400%以下改为80%，自然环境保护区域的建蔽率从40%以下改为20%（法第77条及第78条）；11）开发需求比较多的首都圈的市、郡，广域市及广域市临近的市、郡规定从2003年1月1日起3年内全面重新检讨都市管理计划后整备（法附则第8条）；12）都市管理计划树立时要求细分管理区域的用途，但是计划树立需要3年至5年的时间，所以计划树立之前根据总统令规定临时建筑物的用途、建蔽率、容积率（法附则第18条）。

域的土地利用，对现有区域、地区等定期进行重新评估及持续整顿。另外在指定区域、地区时，为了能够让居民了解相关信息，将意见听取程序和地形图告示程序规定为义务事项，并将规制指南书和土地利用规制内容电算化，确保土地利用规制的透明性，从而为公民利用土地提供方便。为实现上述目标，韩国在2005年12月7日，制定了《土地利用规制基本法》。[1]

[1] 主要内容有：1. 地域、地区等的新设限制（法第5条及第6条），原则上限制伴随新的土地利用规制的区域、地区等的新设进程，如要新设区域、地区等在立法预告之前对现有的区域、地区等的重复性、新设目的的明确性等通过土地利用规制审议委员会的审议。2. 维持地域、地区等内部的行为限制内容的统一性（法第7条及附则第6条第2项乃至第7项），为了施行开发事业的区域、地区等的法令或者自治法规具体规定，根据其事业地区内得到相关行政机机关长的许可的建筑，土地形质变更等行为等，根据《都市开发法》的都市开发区域等6个法律的6个区域、地区内统一规定许可对象范围。3. 居民意见听取及地形图面等的告示义务化（法第8条）：（1）中央行政机关长官或者地方自治团体长官指定区域、地区等的时候，根据法律的规定直接指定的情形，除了国防上有必要机密维持的情形，原则上要听取居民的意见；（2）中央行政机关长官或者地方自治团体长官指定区域、地区等的时候，制作地形图面告示在官报或者公报，指定区域、地区时无法直接公示的情形时，2年内没有告示将失去指定的效力。4. 利用国土利用信息体系的区域、地区等的指定及提供行为限制内容（法第9条及第12条）中央行政机关长官或者地方自治团体长官新设区域、地区等或在区域、地区内限制行为的时候，通报给建设交通部长官，建设交通部长官及地方自治团体的长制作国土利用信息体系，把区域、地区等的指定内容，行为限制内容，规制介绍书等信息提供给国民。5. 发放土地利用规划缺人书及规制介绍书的制作（法第10条及第11条）：（1）市长、郡守或者区厅长有一般国民申请的时候，要发放确认区域、地区等的指定内容，行为限制内容等的资料（土地利用计划确认书）；（2）建设交通部长官要制作规制介绍书告示官报，规制介绍需要明示土地利用相关的认可、许可等的名称，基准，程序及具备资料，中央行政机关长官或者地方自治团体长官需要变更规制介绍书的内容时，法令以及自制法规的公布日一同告示。6. 区域、地区等的定期在评价及推进制度改善（法第13条）中央行政机关长官及地方自治团体长官每5年制作土地利用规制报告书，规制报告书包括区域、地区等的指定和运营实绩等，提交给建设交通部长官，土地利用规制评价团对此进行评价后，通过土地利用规制审议委员会的审议，推进区域、地区等的统、废和制度改善；7. 土地利用规制审议委员会设置及运营（法第15条及第16条）为了审议区域、地区等的新设、变更，指定和运营实绩评价结果、行为限制内容评价结果等的相关事项，建设交通部设置以建设交通部长官为委员长的土地利用规制审议委员会。

三、现行土地法制概况

（一）宪法

韩国《宪法》第23条第1项规定，“所有国民的财产权都有保障，其内容和界限由法律规定”，可以看出《宪法》规定了保障财产权的内容；第2项“财产权的行使要符合公共福利”规定了关于财产权的社会约束性；第3项“根据公共必要对财产权的征收、征用或限制及其补偿，应当以法律规定，并支付正当的补偿”，明确规定了对财产权的征收等要有法律依据并给予正当补偿。

韩国《宪法》第37条第2项规定：“公民的一切自由和权利仅在保障国家安全、维持秩序或为了公共福利的情况下以法律形式加以限制，在可以限制的情况下也无法侵害自由和权利的本质内容。”第120条第2项规定：“国土和资源受国家保护，国家要均衡地开发和利用国土资源，确立必要的计划。”第122条规定：“国家为了有效均衡利用、开发和保全全体公民生产及生活的国土资源，可以依据法律规定赋予必要的限制和义务。”明确了国土是公民全体的生产及生活的基础，国土开发和利用追求私人所有和公共规制的协调。

（二）主要法律

下面对可以认定为属于现行土地公法的主要法律进行简单介绍。[1]

[1] 参见정태용，《토지공법개론》，세창출판사，2007，p.4（反映现行法律更新内容）。

	区分	法律名称
综合目的	全国	《国土基本法》《国土计划及利用相关的法律》《土地利用规制基本法》等
	广域圈	《首都圈整备计划法》
	都市	《都市开发法》《都市及居住环境整备法》《促进都市再整备的特别法》《空房和小规模住宅整备相关特别法》《都市交通整备促进法》《开发限制地区的指定及管理相关的特别措施法》
特定目的	宅地开发及住宅建设	《宅地开发促进法》《住宅法》《公共住宅特别法》
	工业用地开发	《产业位置及开发相关的法律》《产业集群活性化及工厂设立相关法律》
	农地利用	《农地法》《农渔村整备法》
	草地开发	《草地法》
	林野利用	《山林基本法》《山林资源的造成及管理相关的法律》《山地管理法》《砂防事业法》
	公园及绿地管理	《自然公园法》《都市公园及绿地等相关法律》
	观光地开发	《观光振兴法》
	公物管理	《道路法》《河川法》《公有水面管理及设施相关的法律》
	个别建筑物的建筑	《建筑基本法》《建筑法》
	公共用地的取得及补偿	《为了公益事业土地等的取得及补偿相关的法律》

1. 国土基本法

为了明确国土相关计划和政策的理念和基本方向，为实践国土计划体系提供制度保障，力求国土的可持续发展，韩国废止了之前的《国土建设综合规划法》，制定了《国土基本法》。国土是所有公民的生活根据地，是留给后代的民族资产，因此国土开发和利用的相关计划及政策应以开发及与环境相协调为基础，均衡发展国土资源，提高国家竞争力，改善公民生活质量，要以国土的可持续发展为基本理念（第2条），为了国土资源的均衡发展和国土环保管理要求设定国土发展方向和计划。

2. 国土计划及利用的相关法律

随着国土乱开发等问题的出现，为了利用、开发和保全国土地，政府规定了执行计划等事项增进公共福利、提高公民生活质量，通过对国土有计划、有体系的利用并防止乱开发和构建环保的国土利用体系，制定了《国土计划及利用的相关法律》，改善之前将国土分为都市地区和非都市地区，并在都市地区适用《都市计划法》在非都市地区适用《国土利用管理法》的二元管理方法。国土利用和管理应以提高公民的生活质量为目的。通过保全自然环境和有效利用资源，力求环境健全和可持续发展，顺利供应公民生活和经济活动所需的土地及各种设施，提供交通、水资源、能源等公民生活所需的各种资源以及改善居住生活条件。（第3条）

3. 土地利用规制基本法

《土地利用规制基本法》以发展国民经济为目的，规定了土地利用区域、地区的指定和管理基本事项，确保土地利用规制的透明性，减少公民利用土地的不便（第1条）。随着经济社会发展，个别法令中根据不同目的大量引入土地利用规制导致区域、地区复杂化，而严格限制新设土地利用规制的区域、地区，定期对现有地区、区域进行评估并持续整顿相关乱象，制作规制说明书并实现土地利用规制内容电算化，确保土地利用规制的透明性，为公民利用土地提供便利。

4. 首都圈整备计划法

《首都圈整备计划法》以有序整备且均衡发展首都圈为目的，规定了首都圈整备相关的综合计划和施行的必要事项，合理配置首都圈过度密集的人口和产业（第1条）。在效力上《首都圈整备计划法》优先于《国土计划及利用相关的法律》，其他法令规定的土地利用和开发计划，也是该计划的基本组成部分，但是涉及首都圈军事的相关事项除外。中央行政机关首长或者首尔特别市长、广域市长、都知市或者市长、郡守、自治区的区厅长等行政机关首长不能建立、施行不符合首都圈整备计划的土地利用或者开发计划。（第3条）

5. 都市开发法

《都市开发法》以谋求都市开发的计划性、体系性及开发和营造舒适的城市环境和增进公共福利为目的，规定了都市开发所需的事项。都市开发以住宅园区开发、产业园区开发等单一目的开发方式推进，因此在综合性、系统性开发具有复合功能的新都市方面存在局限性。作为城市开发基本法的《都市开发法》为城市制定综合性、体系性的开发奠定了法律基础。（第1条）

6. 开发指定限制区域及管理的相关特别措施法

《开发指定限制区域及管理的相关特别措施法》以保全都市周边的自然环境、确保都市民享有健全的生活环境为目的。根据《国土计划及利用的相关法律》第38条的规定，对开发指定限制区域和开发限制区域内的行为进行限制，买收住民土地和提供支援，对其他开发限制区域的有效管理的必要事项进行规定，防止都市无秩序扩散。

7. 都市及居住环境整备法

《都市及居住环境整备法》以改善都市环境提高居住生活质量为目的，规定了都市机能恢复的必要性，有计划整备不良地区的居住环境，规定有效改良老旧、不良建筑物所必要的事项。（第1条）

8. 住宅法

《住宅法》规定了建造舒适的居住环境及住宅供应市场管理等相关事项，以为公民居住稳定和提高居住水准作出贡献为目的（第1条）。关于住宅的建设及供应，除其他法律另有特别规定外，均按照

本法规定。（第3条）

9. 宅地开发促进法

《宅地开发促进法》以稳定公民居住生活和福祉为目的，解决都市的住宅困难问题，在取得、开发、供应、管理住宅建设宅地相关方面规定特例（第1条）。为缓解都市地区紧迫的住宅困难问题，使没有住房的低收入公民能有稳定的居住生活，可以廉价大量取得和开发住宅建设用地，从而有效执行政府施行的住宅建设许可制度。

10. 产业位置及开发的相关法律

与工业位置相关的复杂多样的法律制度，导致供应工业位置难以顺利进行，并使合理利用土地和均衡开发国土受阻。为此，韩国分别将《产业基地开发促进法》《地方工业开发法》和《农渔村所得园开发促进法》中的部分内容进行统合、改编，施行综合的工业位置政策制定了产业位置及开发的相关法律。此类法律以顺利供应产业园区用地和合理配置产业，促进国土均衡开发和产业持续发展，为健全发展国民经济做出贡献为目的（第1条）。

11. 产业集群活性化及工厂设立相关的法律

《产业集群活性化及工厂设立相关的法律》以集积产业的活性化、支援顺利设立工厂、体系化管理产业位置及产业园区、促进产业可持续发展及均衡地域发展，促进国民经济的健全发展为目的。（第1条）

12. 农地法

自1949年制定《农地改革法》以来，韩国逐渐改变了以保护贫弱生计农为主要内容的农地制度，促进农地流动、支持育成多样化农业经营体。为缓和关于农地所有、交易及利用的各种规制，顺应农业发展的现实情况，将《农地改革法》《农地的保全及利用相关的法律》《农地租赁管理法》和《农渔村发展特别措施法》等法律中关于农地的分散规定进行制度统合和整备，制定了农地相关的综合基本法律。此法以促进国民经济的均衡发展及国土环境保全为目的，规定了农地的所有、利用及保全等必要事项，旨在实现农地的有效利用和管理，改善农业人的经营稳定性，提高农业生产力，增强农业竞争力。(第 1 条)

13. 农渔村整备法

《农渔村整备法》以建设现代农渔村和国家均衡发展为目的，通过综合性、体系性整备、开发农业生产基础、农渔村生活环境、农渔村观光休养资源及受限农地等措施，提高农水产业的竞争力，促进改善农渔村的生活环境。(第 1 条)

14. 草地法

《草地法》规定了草地的建设、管理、利用及保全的相关事项，以振兴畜产做出贡献为目的（第 1 条)。规定草地的建设、开发、改良、保全、管理及利用的相关事项，以排除对草地造成妨害的因素，谋求畜产业的发展为目的而制定。

15. 山林基本法

《山林基本法》规定了山林政策的基本事项，以增进山林多样机能、谋求林业发展、提高公民生活质量和健全国民经济发展为目的(第 1 条)。为了满足国民对山林的多样需求，协调、保全和利用山林，设定林业发展的基本方向制定该法。

16. 山林资源的建设及管理的相关法律

《山林资源的建设及管理的相关法律》旨在建设和管理发挥山林资源的多种机能，谋求可持续保全和利用山林，以保全国土和发展国家经济及提高公民生活质量为目的而制定。(第 1 条)

17. 山地管理法

《山地管理法》旨在合理保全和利用山地，谋求林业发展，增进山林多种公益机能为宗旨，以健全发展国民经济和保全国土环境为目的而制定。(第 1 条)

18. 砂防事业法

《砂防事业法》旨在防止国土荒废、山崩等情形，保护国土资源和国民生命财产，为有效施行砂防事业增进公共利益和产业发展做出贡献为目的而制定。（第1条）

19. 自然公园法

《自然公园法》规定了指定、保全及管理自然公园的相关事项，以保全自然生态系统和自然及文化景观，谋求可持续利用为目的而制定。（第1条）

20. 都市公园及绿地等相关的法律

《都市公园及绿地等相关的法律》规定了扩充、管理、利用都市公园绿地及都市绿化等必要事项，以营造舒适的都市环境，确保健全都市文化生活，增进公共福利为目的而制定。（第1条）

21. 观光振兴法

《观光振兴法》旨在形成观光条件，开发观光资源，育成观光事业，以振兴观光做出贡献为目的。（第1条）

22. 道路法

《道路法》规定了道路网计划，指定道路线路、道路施工、道路设施基准，管理、保全道路及费用负担等相关事项，旨在使公民能够安全便利地利用道路设施，达至提高道路建设和公共福利为目的而制定。（第1条）

23. 河川法

为了增进河川的使用利益，以环保方式整备、保全河川，预防河川洪水导致的灾害，《河川法》规定指定、管理、使用及保全河川等相关事项，旨在实现合理管理河川并增进公共福利。（第1条）

24. 公有水面管理及设施相关的法律

《公有水面管理及设施相关的法律》旨在通过环保有效利用可持续地利用、保全、管理公有水面。该法以增进公共利益和提高公民

生活为目的而制定。(第 1 条)

25. 建筑基本法

《建筑基本法》规定了国家及地方自治团体和公民关于建筑的职责，规定建立、施行建筑政策等，通过振兴建筑文化，以维持、健全公民生活和增进福利做出贡献为目的而制定。(第 1 条)

26. 建筑法

《建筑法》规定了建筑物的土地基础、构造、设备基准及用途等事项，以提高建筑物的安全、机能、环境美观增进公共福利为目的而制定。(第 1 条)

27. 为了公益事业土地等的取得及补偿相关的法律

《为了公益事业土地等的取得及补偿相关的法律》规定了根据公益事业协议取得土地或者征收取得土地和补偿损失的相关事项。通过有效发展公益事业，达到增进公共福利和合理保护财产权的目的(第 1 条)。此外，还制定并运用其他与土地相关的个别法制。土地相关法制可以认定为限制土地所有权或者是限制土地利用行为为内容的规制法律。对土地的公法性限制可以归纳为四个层面的内容：首先是限制土地所有及处分的相关法制；其次是为了开发利用和保全国土而制定计划及执行等必要事项的法制；再次是施行和限制开发、整备事业的相关法制；最后是具有代表性的国土保全的相关法制。

四、结论

自上世纪六七十年代以来，韩国主要以国土开发、都市建设和住宅普及等目的建构国家土地法制。金融危机之后，韩国从抑制需求转变为促进需求，与之相称，土地制度从直接的规制转变为市场间接调解，市场政策也从封闭市场转变到开放市场。21 世纪以来，韩国制定《国土基本法》及《国土计划及利用相关的法律》，建立

了先计划、后开发的国土利用体系。❶

尽管过去为了土地法制的体系化做出了很大努力，但也无法认定土地相关法制克服了时代变化的状况以及必要的分散性整顿。法律体系上的规范整合性不足、计划之间缺乏连接性、用途规制重复等因素，导致土地利用混乱、居民等利害关系人参与程度低、实效性不足、缺乏环境保护等诸多问题。尤其在全球金融危机之后，2010年韩国政府对土地、住宅及建设、建筑采取了缓和的规制政策，引起了不动产投机和住宅价格暴涨现象，严重危及经济和社会的发展。虽然近期立法也在努力解决这个问题，但目前的土地立法还有很多其他要解决的难题。

土地法制应协调土地的社会拘束性与公法必要性。并且，考虑到土地既是生活基础又是有限资源的特性，以双面协调视角将内容体系分为所有和利用、管理和保全、开发和纠纷解决等几个部分，这也应该是日后土地法典的形成体系。

The History of Korean Public Land law

[Korea] Choi Seung Won　Quan Ji　[Korea] Sung Yunhee

Abstract: This research has reviewed the main laws relating to land together with the trend of changes in the legislation of land laws in the area of public laws. In Korea, the individual public land laws have been enacted and revised in the direction of regulating people's property rights for balanced development of the national land and promotion of public welfare by rational and efficient utilization of land. Notwithstanding the efforts to systemize the legislation of land laws, however, many problems have been raised which include shortage of normative consistency or complete-

❶ 류일용, 우리나라 토지제도의 발전에 관한 연구, 토지공법연구제19권, 2003, pp. 688－679。

ness in the legal system, insufficient connectivity among plans, confusions in utilization of land due to administration of national land focusing on regulation of use and redundant regulation of use, insufficient participation by the interested parties such as residents in and shortage of effectiveness of the planning procedures, and insufficiency in reflection of the factors of environment protection. Legislation of land laws should be approached with the strong social binding of land and norm - balanced viewpoint between the rules of public laws pursuant to the public needs together with the judicial rules with regards to the relationship of rights and duties for private ownership and use of land. Also, legislation of land laws should be formed in the system of contents such as ownership and utilization, management and preservation, development and adjustment of interests, and resolution of disputes with the balanced viewpoint between both sides taking into account of the characteristics of land being the indispensable foundation of living and limited resource. This is the image of the land laws in the future.

Keywords: Public Law of Korea, National Land Planning and Utilization Act, Urban Planning Law, Knowledge Management

韩国土地征收法制

——以营农损失补偿制度为中心

全　姬*

内容摘要： 中韩两国土地制度存在一定趋同性，即均面临人多地少、土地资源匮乏的现实问题。本文系统介绍了韩国土地征收制度，并在此背景下分析营农损失补偿制度。营农损失补偿制度是一种生活补偿制度，但不同于土地及地上附着物的补偿。损失补偿的间接损失或逸失损失❶也可作为现代意义上的财产权，韩国在《宪法》第23条明确规定了正当补偿的内容。但是，相比一般损失补偿制度，营农补偿制度呈现较强的社会拘束性以及相对宽泛的立法裁量空间。因此有必要明确营农补偿制度的法律性质及其具体基准。我国在2019年8月26日第十三届全国人大常委会第十二次会议通过了修改《土地管理法》的决定，在原补偿基础上增加农村村民的

* 全姬，韩国梨花女子大学法学博士，辽宁大学法学院助教，研究方向：行政法、土地法。

❶ 也称逸失利益，指因被征收人不能从事劳动经营而发生的损失。

住宅补偿和社会保障费。在完善和发展生活补偿的相关法律制度方面，韩国的经验在比较研究上具有借鉴意义。

关键词：韩国土地征收　农地保护　营农损失补偿　生活补偿

一、绪论

韩国作为实行土地私有制的国家，其大部分土地为个人和法人所有，国有土地较少。目前韩国的土地征收制度已发展成熟，的确有借鉴价值。韩国土地征收的目的在于增进公共福利与调节私有财产权，以便合理利用国有土地并促进产业开发与发展。土地征收制度主要由土地征收的理论依据、征收要件的公共必要性、损失补偿制度、土地征收程序、行政救济等内容组成；理论依据主要是从韩国的土地制度、公用征收概念、宪法依据、公用征收当事人、公用征收目的物的角度进行分析。土地征收过程中必然会涉及补偿问题，一个很关键的内容是对农地的补偿问题。本文是关于营农补偿制度的研究，从营农补偿的沿革、法律性质、营农补偿的主要内容和主要争论点展开的分析。本文旨在通过系统介绍韩国土地征收[1]制度，研究分析征收过程中失地农民的营农损失补偿[2]，以期为我国立法提供镜鉴。

二、韩国土地征收法制

（一）土地征收的理论依据[3]

1. 韩国的土地制度

韩国根据近代《民法》的基本原则，主要立足于保障私有财产

---

❶ 在韩国征收称为收用（수용），征用称为使用（사용），本文统一表述为征收，征用。

❷ 营农损失补偿（영농손실보상）的直译，营农是指经营农业，从事农耕。

❸ Quan Ji，공국과 한국의 토지수용 및 관련 행정구제에 관한 비고법적 연구，이화여자대학교박사학위논문，2018，pp. 143－155.

制、合同自由以及过失责任主义等原则制定土地制度。但这些原则也不是绝对的，为了公共利益的需要可以依法进行一定限制。韩国土地制度一方面力求保障个人活动的自由，另一方面也强调个人的社会性和公共性。韩国《民法》第211条规定："所有权人在法律范围内有使用、收益、处分其所有物的权利。"市场经济体制以及资本主义经济体制是韩国经济结构的根基，保护私人所有权在资本主义经济体制里为私有财产制度奠定了基础。韩国不区分生产手段和非生产手段，将物分为动产和不动产，不动产分为土地和附着物。因此，土地和附着物为各自独立的不动产。[1] 土地为生产手段，可以在法律规定范围内使用、收益、处分私有土地。[2] 由此可见，韩国土地立法不仅认定了生产手段的私有权，还从制度上保障私有财产权。

2. 公用征收的概念

公用征收是指为公益事业的需要，可排除权利人的意思表示，依法强制取得他人特定财产的行为，即依据公共必要基于国家权力而取得、消灭或限制特定的目的物所有权及其他权利的行为。[3] 规定征收土地的主要法律依据是《为了公益事业等取得土地及补偿相关的法律》（以下简称为《土地补偿法》）。韩国大法院判示公用征收的要件内容为"公用征收是为了公益事业基于法律对特定财产权强制取得为内容，因此以公益事业的必要性为前提，征收的目地物范围要以必要的最小限度为原则。"[4] 韩国《土地补偿法》第3条及第4条规定了可征收的范围。当前立法主要采用列举主义和概括主义，

---

[1] 韩国《民法》第99条（不动产，动产）：①土地以及附着物为不动产；②不动产之外的物件都是动产。

[2] 韩国《民法》第211条（所有权的内容）：所有权人在法律范围内可以使用、收益、处分其所有物的权利。

[3] 이재삼, 공익사업에 있어서 사인의 수용권에 관한 연구, 토지공법연구제43집제1호, 2009, p. 251.

[4] 大法2005. 11. 10. 宣告2003du7507判决；大法院1987. 9. 8. 宣告87nu395判决；大法院1994. 1. 11. 宣告93nu8108判决。

例如《土地补偿法》第 4 条[1]规定了公益性事业的优先顺序，[2] 对公益设施和事业采取列举主义；但根据《土地补偿法》第 4 条第 8 号的总括性规定来看，该列举并不是对公益事业的限制性列举，由此可以认定第 4 条规定的公益事业仅为例示的规定。

3. 宪法依据

公用征收应遵守保障私有财产制度的宪法规定，在解释和运用公用征收以及立法过程中均不得违反保护私有财产制度的主旨。韩国《宪法》第 23 条 3 项规定："因公共必要需要进行征收、征用或者限制其财产权，补偿应依据法律规定且需支付正当的补偿。"该条款明确了公共征收需要有法律依据。

韩国宪法裁判所对公用征收的立场是：首先，根据《宪法》第 23 条第 3 项须存在违反其国民的意思强制取得的公益必要性；其次，征收对其补偿要有法律依据；最后，要支付正当的补偿，并且要同时满足前述三个要件。除第 23 条之外，还有其他条款也规定了社会拘束性和其他限制性的内容。例如，《宪法》第 120 条第 2 项规定："国土和资源受国家保护，国家为了均衡开发和利用要建立必要的计划"；第 121 条规定："国家对农地要努力实现耕者有田的原则，并

---

[1] 韩国《土地补偿法》第 4 条（公益事业）根据本法取得土地或者使用的事业要对应以下各号之一的事业：1. 国防、军事相关事业；2. 根据相关法律得到许可/认可/承认/指定的以公益为目的实施的铁道、道路、机场、港口、停车场、公营车库、货物站、轨道、河川、堤坝、坝、运河、水道、下水道、污水处理、废水处理、砂防、防风、防火、防潮、防水、水库、用水路、排水路、石油储备、送油、废弃物处理、电、通信、广播、煤气以及气象观测相关的事业；3. 国家和地方自治团体设置的厅、工厂、研究所、试验所、保健设施、文化设施、公园、水木园、广场、运动场、市场、墓地、火葬场、屠宰场以及其他公共设施相关的事业；4. 根据相关法律得到许可/认可/承认/指定的以公益为目的实施的学校、图书馆、博物馆以及美术馆建设的相关事业；5. 国家、地方自治团体，《公共机关运营的法律》第 4 条的公共机关，《地方公企业法》的地方公企业或者国家、地方自治团体指定的者租赁或转让为目的施行的住宅建设以及宅基地、产业园区造成相关的事业；6. 为了施行 1 号到 5 号的事业所需的通路、桥梁、电线路、材料堆积场或其他相关附属设施；7. 为了施行 1 号到 5 号的事业所需的住宅、工厂等移居园区造成相关的事业；8. 其他根据法律可以征收土地或使用土地的事业。

[2] 大法院 1992. 4. 28. 宣告 91da29927 判决。

禁止农地租佃”；第122条规定：“国家与国民均为生产及生活的根基，应注重国土利用效率，均衡开发和保全国土资源，根据法律规定，可以对此赋予必要的限制和义务。”

4. 公用征收的当事人

公用征收的当事人可以分为征收主体和征收相对方。《土地补偿法》将公用征收的主体称为事业施行者。通常公用征收的主体是国家或地方自治团体。但私人在承担公法任务的时候，国家和地方自治团体可以赋予其公用征收的权力。❶并且，国家所有的土地也可以成为公益事业征收土地的范围。因此，由法律授予资格的地方自治团体在征收国有土地时，可以把国家认定为被征收者或某种意义上的“私人”。❷

韩国学界对公用征收主体有不同的观点，❸ 国家征收权说认为征收权是国家的公权力，大部分情况下征收权的主体是国家，事业施行者仅拥有向国家请求是否可为自己事业所需要的土地进行土地征收的权力。该观点把公用征收的本质视为改变征收效果的力量，私人的事业施行者只是对国家有征收请求权。事业施行者权说将征收的本质看作是强制取得财产权，征收权是享有征收效果的能力，因此征收权的主体是享受公用征收的主体，取得财产权的主体是事业施行者。❹ 由于公用征收的主要意义是为了公益事业而强制取得财产权，其征收的强制性不过是征收效果的原因行为。由此可以判断事业施行者征收权说为多数说。

征收相对方有被征收人和关系人。公用征收的相对方是指财产权的所有者及其他权利人。不论是公法人还是私法人都可能成为被

---

❶ 韩国《土地补偿法》第2条3号；第5条；第19条第1项。

❷ 韩国《土地补偿法》第2条3号；第5条；第19条第1项。

❸ 大法院1981.6.9. 宣告80da316判决（根据法律成为征收对象的土地，可以征收或者使用的土地除了同法第5条的限制条款外，没有其他任何限制，因此可以认为，国家所有的土地也可以被征收）。

❹ 홍정선，《행정법원론(하)》，박영사，2018，p. 612.

征收人，一定情况下国家也可以成为被征收人。例如，由地方自治团体征收国家的一般财产用作经营公益事业的情况下，土地所有者是指公益事业所需土地的所有权人。❶ 关系人❷是指，拥有事业施行者要取得、使用土地的地上权、地役权、传贳权、抵押权、使用借贷或者租赁合同相关的权利者，以及对土地所有权之外的权利者，对其土地上的物品有所有权或者其他权利的人。❸ 但是，事业认定告示之后取得权利的人不属于关系人，在之前继承权利者除外。

5. 公用征收的目的物

公用征收目的物的范围原则上应是为了公益事业的必要最小限度。❹ 也就是说，在公用征收的情况下适用比例原则，公用征收是以所有权人的私人财产为目的物，即在私人的财产权里所有权是中心，除此之外的地上权、抵押权等权利也有可能会成为（征收）对象。❺ 公用征收的基本的目的物是土地所有权。❻ 事业施行者取得或者使用以下权利时同样适用：❼（1）除土地及相关所有权以外的其他权利；（2）公益事业所需的土地、建筑物和其他地上附着物以及除此以外的其他权利；（3）矿业权、渔业权或水的使用权和管理权；（4）土地上的泥、沙、碎石的相关权利。此外，在特别法中规定如土石、竹木、搬运机等其他相关动产权利及无形财产权等也是目的物的范围。

目的物的扩张包括全部征收、完全征收、移转征收等内容。全部征收也叫残余地征收，指土地所有权人的土地的一部分被征收，剩下的残余地很难按之前的目的使用时，土地所有权人可以请求事

❶ 韩国《土地补偿法》第2条第4号。
❷ 류해웅 · 허강무，《신수용보상법론》，부연사，2018，p. 627.
❸ 韩国《土地补偿法》第2条第5号但书。
❹ 大法院1987. 9. 8. 宣告87nu395 判决。
❺ 韩国《土地补偿法》第3条。
❻ 류해웅 · 허강무，《신수용보상법론》，부연사，2018，p. 628.
❼ 韩国《土地补偿法》第3条；第19条第1项。

业施行者全部买收或者征收相应土地。完全征收是指征收土地所有权人的土地后其利用存在明显的限制或障碍时，对其进行补偿的制度。❶ 事业认证告示之后，符合以下条件：（1）土地使用期间为3年以上；（2）因使用土地导致土地的形质变更；（3）使用土地有土地所有者的建筑物时，土地所有权人可以根据《土地补偿法》第72条请求事业施行者买收或土地征收委员会征收相关土地。❷ 此时，关系人可以对事业施行者或土地征收委员会请求存续其权利。❸ 移转征收是指对征收土地上的物补偿移转费后，以移转为原则，无法强行移转的例外情况下，一起征收相关物的制度。❹ 按照物的价格补偿的情形有：（1）移转困难或者因移转无法按原来用途使用的情形；（2）物的移转费超过相关物的价格；（3）事业施行者为了公益事业的目的直接取得的情形等。❺

（二）征收要件的公共必要

韩国《宪法》第23条第3项规定了“公共必要”的概念，即“公共必要”是指为了公共利益实现公益事业、国家安全保障、维持秩序等公益目的不可避免限制财产权的情况。公用征收中，公共必要是侵害财产权合法性与正当化的实质性根据以及界限。这不仅是公益事业的成立要件所要求的公益目的，也是审查特定公益事业为公共事业有无实际奉献及合法与否的判断标准，还是事业施行者和土地所有权人之间的利害关系的重要判断基准。❻ 判断是否存在限制正当财产权的公共必要要件适用比例原则。❼ 公共必要是由事业的

❶ 류해웅·허강무，《신수용보상법론》，부연사，2016，p. 164.

❷ 韩国《土地补偿法》第72条第1文。

❸ 韩国《土地补偿法》第72条第2文。

❹ 김향기，《행정법개론》，탑북스，2018，p. 961.

❺ 韩国《土地补偿法》第75条。

❻ 이부하，토지수용 절차에서의 헌법적 쟁점，토지공법연구제73집제1호，2016，p. 99.

❼ 허영，《한국헌법론》，박영사，2018，p. 541.

“公共性”和“必要性”两种要素构成。但是，这并不意味着认定事业的“公共性”就可以构成公用征收，还要追加满足为了公益而牺牲私人（利益）的现实必要性条件。❶ 公用征收的“必要性”概念包含目的物的公益事业的合法性、目的物取得的补充性和目的达成的必要最小性。❷

（三）损失补偿制度

行政上的损失补偿制度是指因行使合法的公权力对国民财产有特别牺牲的情况下，对平等保障国民财产权负担形式的调节性补偿。❸ 在过去，损失补偿制度主要以财产权补偿为主，而时至今日，财产权保障之外的生活补偿也是突出的特征之一。下面提到的营农损失补偿也是生活补偿的一种。行政意义上损失补偿的理论依据曾有既得权说，即以不可侵犯自然权的既得权为前提，为了公法目的的侵害要有补偿的理论；还有恩惠说，即补偿是国家施恩给予的理论；此外还有公用征收说，即把实体法上公用征收制度理论化形成的理论等，但在今日只有特别牺牲说得到支持。❹

有关损失补偿请求权性质的学说主要分为公权说和私权说。通说为公权说，认为损失补偿的行为是公法性质的。其损失补偿效果也具有公法性。❺ 判例之前的立场是损失补偿的原因为公法性，但其损失的内容及损失补偿是私法性的。但是在2006年，大法院全员一致决定，对《河川法》上的损失补偿请求视为公法上的权利。因此，之前适用民事诉讼的案例对象变更为行政诉讼上的当事人诉讼的对象。❻ 近期，也有判例将损失补偿看作是财产权上赋予公法上特别牺

---

❶ 정찬우，사인의 토지수용권에 관한 고찰，입법학연구제11집2호，2014，p. 97.
❷ 김연태，공공수용의 요건으로서 ‘공공필요’，고려법학제48권，2007，p. 94.
❸ 김유환，《현대행정법강의》，법문사，2018，p. 523.
❹ 홍정선，《행정법원론(상)》，박영사，2018，p. 826.
❺ 韩国《土地补偿法》第85条第2项。
❻ 大法院2006. 5. 18. 宣告2004da6207判决。

牲的理由，将其看作公法上的权利。[1]

随着历史变迁，损失补偿的对象从起初的对人补偿演变到对物的补偿，又从对物补偿发展到对生活的补偿。行政上的损失补偿，原则上是对财产权的补偿，在建设大规模公共事业的情况下，特别是对失去生活基础的移居人们来说，单纯补偿财产权不能认定为正当的补偿。[2] 生活补偿是被征收后征收相对方可以维持与此前相同生活质量的实质补偿，又叫生活再建措施。生活补偿的种类有：（1）居住对策和生活对策；（2）一般生活再建措施和特别生活再建措施；（3）一般法上的生活补偿和个别法上的生活补偿。

（四）土地征收的程序

土地征收的程序，大体上可以分为：（1）事业认定；（2）土地调查书、物件调查书、补偿计划以及计算补偿额；（3）协议等程序。事业认定告示之后，事业施行者为了取得或者消灭相关土地的权利，须坚持协议前置主义，要与土地所有权人和关系人进行充分协商。协议内容包括征收土地的范围、征收时期、损失补偿等内容。为了实现公益事业取得土地，相关的事业施行者和被征收人之间要进行充分交涉，协议达成则征收程序终结；若协议不成立，需进入裁决程序。协议程序在原则上无论是事业认定前还是事业认定后，均属于私法上的合同，但是事业认定后须进入协议管辖土地征收委员会的确认程序。通过土地征收委员会确认的协议可认定为公法上的合同。[3]

---

[1] 홍정선，《행정법원론(상)》，박영사，2018，p. 830；大法院 2012. 10. 11. 宣告 2010da23210 判决。

[2] 김유환，《현대행정법강의》，법문사，2018，p. 549.

[3] 김유환，《현대행정법강의》，법문사，2018，p. 555；大法院 2000. 10. 13. 宣告 2000du5142 判决。

（五）行政救济

土地征收的行政救济制度主要有裁决、异议申请和行政诉讼。裁决是指事业施行者可以取得土地的所有权以及使用权，并由事业施行者支付损失补偿额的决定。[1]《土地补偿法》第 26 条规定，协议未能成立或无法进行协议的情况下，事业施行者在事业认定告示之后一年内，根据总统令向辖区土地征收委员会申请裁决。[2] 土地征收委员是裁决机关，对征收和使用土地等行为进行相关裁决。国土交通部设有中央土地征收委员会，特别市、广域市自治道设有地方土地征收委员会。[3] 中央土地征收委员会既有对原处分进行裁决的权力，也有对征收裁决不服提起的异议进行裁决的权力。[4] 但只有事业施行者才有裁决之申请权，被征收者不得提起裁决，须寻其他救济途径。

土地征收过程可以提出异议申请，是指因土地征收委员会的违法或者裁决处分不当，侵害他人权利或者征收行为存在异议的，对复审裁决机关中央土地征收委员会请求作出取消相应处分或变更争讼程序的申请。[5] 异议申请的程序适用行政复议法。具体来说，事业施行者、土地所有者或关系人对裁决不服时，自收到裁决书之后 60 日内，或收到异议申请裁决书 30 日内，可提起行政诉讼。[6] 并且，行政诉讼设有补偿金增减请求诉讼。提起的行政诉讼是增减相关补偿金的诉讼时，若提起诉讼的主体是土地所有权人或关系人，则事业施行者为被告。[7]

---

[1] 이철환，《행정구제법강의》，피데스도서출판，2018，p. 630.
[2] 韩国《土地补偿法》第 28 条第 1 项。
[3] 韩国《土地补偿法》第 49 条。
[4] 정형근，《행정법》，피앤씨미디어，2017，p. 903.
[5] 이선영，《토지수용 및 보상법핵심과제》，리북스，2012，p. 181.
[6] 韩国《土地补偿法》第 85 条第 1 项第 1 文。
[7] 韩国《土地补偿法》第 85 条第 2 项。

三、农民的营农损失补偿制度

土地征收过程中必然会涉及补偿问题，其中很关键的一个内容是农地的补偿问题。本部分就农民的营农补偿问题，从营农补偿沿革、营农补偿的法律性质介绍韩国的制度设计，并对其主要内容和主要争论点进行分析。

（一）营农补偿制度的沿革

在韩国，营农损失补偿是指因实施公共事业对无法继续耕种的农地给予补偿的制度。[1] 该制度以实际耕种的栽培物为准，支付相当于2～3年的农业所得。这是生活补偿的一种，其与土地及地上物的补偿是不同的概念。韩国从1977年引进营农补偿制度之后，该制度被评价为对农民的权益作出巨大贡献（的举措）。[2] 1962年蟾津江[3]建设水坝，对当时水没地区的损失补偿是韩国最初的营农损失补偿。之后经过多次修订，法律用语也从一开始的“营农补偿”到“实农补偿”，再到现在规定为“营农损失补偿”（表1为修订的主要内容）。之前的《土地征收法》和《公共用地的取得以及损失补偿的相关特别法》统合制定为《土地补偿法》（2003年1月1日实施，2005年2月5日通过修订），其修改主要内容如下：为避免与《农地法》第2条的冲突，农地的范围包括非法形式变更土地，当时《农地法》第2条规定：不管地目是实际耕作农作物或者是多年生栽培地均为农地。该法于2008年4月18日修订时，为了减少非所有权人自耕农的农地纠纷，在实际耕作者和农地所有权人之间明确规定了租赁合同、耕作事实确认书等客观资料。2013年4月15日修订

---

❶ 강선호 · 유정석, 영농보상의 현황과 개선방안에 관한 연구, 부동산학보제64호, p. 156.

❷ 이헌석, 영농보상제도에 관한 연구, 토지공법연구제44집, 2009, p. 67.

❸ 蟾津江是韩国南部河流的名称。

时，《农地法施行令》第2条第3项第2目甲号把农地的范围扩大为固定式温室、蘑菇栽培舍及塑料大棚等设施，根据实际所得计算营农损失补偿，实际所得额超过平均所得额2倍时，对不直接使用地力栽培、可以移转栽培作物等情形做了例外规定。2014年10月25日修订时，根据实际所得额计算营农补偿时，不使用地力栽培的作物补偿从原来的3个月扩大到4个月。最后，2015年4月28日修订时，为了更好应对因自然灾害等特殊情况，营农补偿的基准年度从前1年改为前3年的平均值。又为了防止因耕作事实确认书有可能发生土地所有权人和实际耕作者之间的不当交易，规定了实际耕作者直接通过县长等人确认的耕作事实书之后，事业施行者通知农地所有权人，所有权人在30日内无异议则视为所有权人已确认相关事实内容。[1]

表1　营农补偿的主要修订内容[2]

日期	对象	计算方法	特色及问题点	法律依据
1962. 11. 12	蟾津江坝水没地区[3]	农业收入的2年份	范围仅限为公益事业，计算方法不明确	坝建设水没地区用地买收及损失补偿纲要
1977. 3. 21	产业基地，工业产地，新城市开发	畓作[4]为稻子，田作[5]为大麦为准1期份	购买代替农地期间的逸失损失，[6]限为对象事业，事业地区内居住农民	公共用地补偿评价基准相关的规则

[1] 参见강선호·유정석，영농보상의 현황과 개선방안에 관한 연구，부동산학보제64호 p. 158.

[2] 강선호·유정석，영농보상의 현황과 개선방안에 관한 연구，부동산학보제64호，p. 157.

[3] 水没地区（수몰지구）的直译，是指被水淹没的地区或计划将要被水淹没的地区。

[4] 畓作可以理解为水田上的农作物。

[5] 田作可以理解为旱田上的农作物。

[6] 逸失损失（일실손실）的直译，是指失去的损失。

续表

日期	对象	计算方法	特色及问题点	法律依据
1980.08.01	废止公益事业的限制	畓作❶为稻子，田作❷为大麦为准1期份	购买代替农地期间的逸失损失，❸限为对象事业，事业地区内居住农民	公共用地补偿评价基准相关的规则
1991.10.28	同上	单年生3期，多年生2年	改名为营农补偿，期待利益的丧失，扣除自己人工费	公共住宅特别法实施规则
1995.01.07	同上	同上	删除农作物补偿除外，删除扣除自己人工费的内容	同上
1997.10.15	同上	年间1次播种3期 年间多次播种3期 多年1次播种2年	实农补偿，预定地区告示当时农作物基准	同上
2003.01.01	同上	农家平均农作物总收入或者实际所得的2年份	计算方法的二元化	土地补偿法施行规则
2005.02.05	同上	同上	非法形质❹变更土地的农地也包括在补偿对象	同上
2008.04.18	同上	同上	实际耕种人员认定资料的具体化	同上

❶ 畓作可以理解为水田上的农作物。

❷ 田作可以理解为旱田上的农作物。

❸ 逸失损失（일실손실）的直译，是指失去的损失。

❹ 形质即形状和性质。

续表

日期	对象	计算方法	特色及问题点	法律依据
2013. 04. 25	废止公益事业的限制	适用实际所得时作物平均所得超过2倍时设上限，不利用地力的作物限制为3个月份	扩大农地范围（农地法施行令第2条第3项第2号甲目）	土地补偿法施行规则
2014. 10. 25	同上	适用实际所得时不利用地力的作物扩大为4个月份	同上	同上
2015. 04. 28	同上	适用前3年年平均产值的两倍	对耕种事实确认书的所有者的认证责任	同上

（二）营农补偿的法律性质

损失补偿的法律依据为《宪法》第23条第3项关于财产权的规定。把宪法上的正当补偿解释为对被征收者的完全补偿，这也是多数学说以及判例的立场。为了具体实现正当补偿原则，由具有一般法地位的《土地补偿法》完善法规内容。营农补偿是对无法继续耕作的农民在生活补偿层面进行营业损失补偿和逸失损失补偿的一种补偿制度，因此可以认定为一种生活补偿。为了解决对物补偿的问题而出现生活补偿的概念，日本学者最先讨论了生活补偿制度，之后韩国多数学者也认定了其研究必要性，遂持续进行相关研究。生活补偿是因施行公益事业无法保全被征收者的财产权的客观价值，对丧失生活依据的被征收者进行的补偿制度，主要有保障人权的功能、恢复原状的功能、生活安定等功能。[1]那么，有必要明确营农补偿是属于财产权补偿领域还是生活补偿领域，对此，通说观点认为营农补偿是生活补偿领域。其依据是营农补偿是对实际耕作者失去农地而购买其他替代农地或者转向其他工作损失的补偿，即为补偿预期将来可能发生的损失，同时也是一种考虑到对经济弱势群体的农民的生存照顾、生计支援的补偿[2]方式，因此间接补偿也可以认为是生活补偿。

（三）营农补偿的主要内容

1. 农业补偿对象之“农地”范围

营农补偿的支付对象的土地是指农地。农地概念不区分地上农作物的种类，包括一般营农或者果树园、药草栽培、花卉等因公益事业划入施行地区的土地。[3] 具体为《农地法》第2条第1号甲目[4]以及《农地法施行令》第2条第3项第2号甲目[5]对应的土地。但因征收三分之二以上面积的耕作农地导致剩下的农地无法继续耕作时，

---

[1] 参见 박용한·김진，공익사업의 시행에 따른 생활보상 고찰，부동산학보제53집，2013，pp. 33 -44.

[2] 参见이헌석，영농보상제도에 관한 연구，토지공법연구제44집，2009，pp. 67 -86.

[3] 문형철，손실보상에 관한 연구：영농보상을 중심으로，단국대학교박사학위논문，2008，p. 74.

[4] 《农地法》第2条（定义）本法使用的用语意思如下：“农地”是指对应以下各目之一的土地。甲．田、畓、果树园，之外不管法定地目实际耕作农作物或者为多年生植物栽培所利用的土地。但是，根据《草地法》造成的土地或总统令规定的土地除外。

[5] 《农地法施行令》第2条（农地的范围），该法第2条第1号乙目的“总统令规定的设施”是根据以下各号区分的设施：1. 法第2条第1号甲目的土地的改良设施，且对应以下各目之一的设施：甲．溜池、抽·排水设施、水路、农路、堤坝；乙．其他农地的保全或利用所需要的设施，且农林水产部令规定的设施。2. 法第2条第1号甲目的土地上设置的农水产物生产设施，耕作农作物或者设置在第一项各号的多年生植物栽培地，且对应以下各目之一的设施：甲．固定式温室·蘑菇栽培舍及塑料大棚等其他农林畜产食品部令所规定的附属设施；乙．畜舍·昆虫饲养舍和农林水产食品部令所规定的附属设施；丙．简易堆肥场；丁．草棚·简易低温储藏库及简易液肥储藏库中农林畜产食品部令所规定的设施。

对公益事业划分地区外的农地也要进行损失补偿。❶ 这也是上述介绍土地征收目的物的全部征收的内容，也称为残余地征收的内容。2013 年《土地补偿法施行规则》修改之前，农地的范围仅限为《农地法》第 2 条第 1 号甲目规定的内容，但之后将《农地法施行令》第 2 条第 3 项第 2 号甲目的固定式温室、蘑菇栽培舍及塑料大棚等，及其他（《农林畜产食品部令》等）所规定的附属设施也包含在内。因政府一直大力支持农业政策，农地的范围也逐渐在扩大，所以在该固定式温室等设施里耕作的人员也包含在农业人范围内。但属于以下情形之一时，不视为农业补偿之对象的农地：（1）事业认证告示日之后使用为农地的土地；（2）土地利用规划、周围环境等因素出现短暂临时用为农地的土地；（3）非法占有并耕作他人所有的土地；（4）非农民主体耕作的土地；（5）发生取得土地以及补偿后，事业施行者允许 2 年以上继续耕作的土地。

2. 农业补偿对象之"农民"范围

农业补偿以"农民"为补偿对象，《土地补偿法》规定为农业补偿者必须满足《农地法》第 2 条第 3 号❷规定的农业法人或《农地法施行令》第 3 条❸规定的农业人。但畜产业从业者或者年销售额超过 120 万韩币以上、单纯通过农业经营的农产者除外。农地所有权人与实际耕作者非同一人时，《土地补偿法施行规则》规定❹："农地的所有者为居住在当地的农民，若农地所有权人和实际耕作者之间达成协议时，即按该协议内容实施，若未达成协议则按各自 50% 的金额进行补偿。但在以实际所得方式补偿的情况下，以农家

❶ 《土地补偿法实施规则》第 65 条（公益事业施行地区外农业损失的补偿）。

❷ 韩国《农地法》第 2 条（定义）本法使用的用语意思如下：3. "农业法人"指根据《农渔业经营体育成及支援相关法律》第 16 条成立的营农组合法人和根据同法第 19 条成立的持有业务执行权人中三分之一以上为农业人的农业公司法人。

❸ 韩国《农地法实施令》第 3 条（农业人的范围）法第 2 条第 2 号"总统令规定的者"是指对应以下各号之一者。

❹ 韩国《土地补偿法实施规则》第 48 条第 4 项。

平均单位耕作面积的农作物总收入来计算补偿额，总金额的50%支付给农地所有权人，剩下支付给实际耕作者。并且，农地所有权人为非居住在当地[1]的农民时，实际耕作者即为补偿对象，但是根据实际耕作者自愿的移农，且对相关土地解除租赁合同等事由在补偿协议日或者征收裁决时不进行耕作的，仅限对在当地居住的农地所有权人进行补偿。[2]

3. 营农损失的补偿方法

现行法律规定的计算补偿额的方法主要有两种：第一种为无法证明实际所得额的情形，此时，要根据相应农地的面积乘以农家平均单位耕作面积计算农作物总收入，以前三年平均的两个年份作为补偿金额。[3] 农作物总收入需要根据《统计法》第3条第3号规定的统计机关每年公布的农家经济调查统计的区域农业总收入中农作物收入的数值来确定。第二种是可以证明实际所得额的情形，对相应农地面积乘以单位耕作面积实际所得额两个年份，作为营农补偿金额，并根据官报告示的农作物实际认定基准由国土交通部长官和农林畜产食品部长官进行协议。但是，单位耕作面积所得额超过《统计法》规定的统计机关制作的平均生产量的2倍时，最高按2倍计算。如果相应农地不利用地力栽培作物可以移转后继续务农的，以单位耕作面积乘以实际所得4个月的产值为补偿金额。不使用地力栽培的几种方式为：（1）原木上栽培蘑菇；（2）在花盆栽培花卉；（3）容器（托盘）上栽培幼苗等。

（四）主要争论点

1. 关于农民构成要件的争论

首先，农民构成要件的争论点是有关农民资格认定的问题。《农

[1] 韩国《土地补偿法施行令》第26条（不在不动产所有者的土地）。

[2] 韩国《土地补偿法实施规则》第48条第5项。

[3] 韩国《土地补偿法施行规则》第48条第1项。

地法施行令》第3条规定了农民的要件：（1）在1000平方米以上的农地耕作农作物或栽培多年生植物；（2）一年中90日以上从事农业的人员；（3）在农地设置330平方米以上的固定式温室、蘑菇栽培舍、塑料大棚，以及其他农林畜产食品部令所规定的设施栽培农作物或者多年生植物者。考虑到营农补偿主要以失去农地而丧失生活来源的农民为生活补偿对象，作为营农补偿对象的农民应当是当地以农业为主要生活来源的人员。但是根据现行规定，农民的要件为农地面积和一年中90日以上从事农业者。该规定可能导致不以农业为主要事业的农地所有者也会成为补偿对象，相反实际从事农业的耕作者在达不到规定的面积及实际从事农业维持生计的真正农民就有可能被排除在补偿对象的范围之外。加之现行法令缺乏证明农民身份的法定证明材料，导致农地所有权人和实际耕作者之间纠纷频发。[1]

其次，实际耕作者的证明材料问题。营农补偿原则上是以实际耕作者为补偿对象，非自耕农租赁农地耕作时需要证明其是合法耕作。因此，租赁农户在获得营农补偿时，需要提交相关材料来证明其符合法定条件。这些证明材料包含农地租赁合同、农地所有者的事实确认书、相应公益事业施行地区区长等人员确认的耕作事实确认书，以及其他可以证明租赁农户具有实际耕作者身份的客观材料。但是在实践中，农地租赁按照惯例通常都无正式合同，只有口头协议的情形较多，而农地所有权人和耕作者之间在农地补偿利害关系上是对立的，因此实际耕作者很难获得农地所有者的耕作事实确认

---

[1] 강선호·유정석，영농보상의 현황과 개선방안에 관한 연구，부동산학보제64호，p. 165.（此文还主张要引进农业经营体的登入制度。农业经营体的登入制度是从2008年开始施行后，一直在持续管理的制度，目的是培养有竞争力的农业经营体，为了稳定收入实行直接付款制，脱离平均的一概式的支援政策，为了能够推动有针对性的农业发展的制度。但是农业经营体的登入非义务事项，仅属于申告事项，但是包含对申请人的一般情况，还包含农地及农作物的信息、补贴以及扶助金申请的信息、生产的农产物的流通信息等，上述内容有变更时要进行申告，有必要时相关公务员进行现场调查并进行确认，因此构建了对农家相当有实质性且综合性的信息。）

书，并且出具耕作事实确认书也非区长义务，若耕作事实被认定为虚假事实时，区长对于申请人收领补偿金的行为要负连带责任，因此通常情况下区长对出具耕作事实确认书采取消极态度。对于上述问题，近期通过的《土地补偿法施行规则》进行了相应完善，新修改的内容规定区长等人员出具耕作事实确认书之后，事业施行者直接通知农地所有者，农地所有者若30日内未提出异议，即视为农地所有者亦确认了耕作事实确认书，并视为已提交相关证明材料。尽管如此，农地所有权人和耕作者之间若无法达成协议则无有效的解决方案。实务中农地所有者与耕作者无法达成协议的主要原因不仅仅是农业补偿款，还有对转让自耕农地所得税减免❶等原因。

同样，证明实际所得材料也是主要争论点。计算营农补偿时为确保实际所得的客观性，《农作物实际所得认证基准》第4条列举可以开具标准结算书等实际所得收入的证明机关。❷ 但标准结算书等资料里只有出货人员和作物的种类等信息，无法确认相应交易是否是在征收农地内栽培的农作物。并且不能对他人栽培的情况进行实质性判断。这导致对证明实际所得的争论一直不断。现实中将农作物供应给市场的方式，即代理人将多数贫弱的耕作者的生产物整批供应给市场，更不易于具体区分实际所得。根据农作物实际所得认定基准，证明实际所得的农业补偿额是根据事业认定告示日的补偿额为基准。❸ 其与损失补偿的基准时期是不同的，损失补偿的基准时间以协议成立日或征收裁决日为原则。如果在公益事业按照正常计划进行的情况下，告示日期和协议日期比较接近，差价可能并不大，但因公益事业拖延或未能达成协议导致差价较大时，也将成为棘手

❶ 参见장기용，현행 세법상농지에 대한 과세특례제도의 합리적 개선 방안，부동산학보제53호，2013，pp. 238 – 252；이상신，개발제한구역내토지의과세상쟁점에관한연구，부동산학보제60호，2015，pp. 5 – 18.

❷ 韩国《农作物实际所得认证基准》第4条（农作物总收入的证明资料）。

❸ 강선호·유정석，영농보상의 현황과 개선방안에 관한 연구，부동산학보제64호，p. 166.

问题。因此有必要明确栽培作物和销售等适用的具体时间。

2. 补偿额计算方式的争论点

有关补偿额的计算方式主要关涉补偿主体的问题。农业补偿不同于其他补偿项目，其并未规定在《土地补偿法施行规则》第48条的“鉴定评价”的方法之中。负责管辖部署的国土交通部也不得将农业补偿委托给鉴定评价从业者。通过鉴定评价的农业补偿额被看作是跟相关法令规定程序和内容相违背的重大瑕疵。因此，实务上均由事业施行者直接执行，这导致根据具体案情会有不同的情况发生，从而很难确定实务负责人。在这一意义上，也可考虑用鉴定评价的方法来提高计算的专门性和公正性。另外，地区间的农作物收入差异也是突出的问题点。根据统计厅的资料不难发现，各个地区间的农作物收入差异很大，这种差异一部分是受气候环境的影响，一部分是由于流通结构而产生的差异，这时候不同的补偿额会引起农民的不满。[1]

3. 营农补偿和其他补偿的关系

首先，营农补偿和土地补偿的关系。营农补偿对象的农地，无论地目是农耕地与否，在事业认定告示日之前开始实际耕作农作物的地目均应认定为农地。对此，可以跟土地补偿法的内容进行比较，也可以考察有无冲突内容。比如，根据性质变更时的利用状态作为基准来评价非法形质变更林野。这使得在损失补偿制度中该情形将被认定为林野，但是在营农补偿的对象里会被认定为是农地。换言之，对土地的损失补偿基准要求证明形质变更的合法性，但是营农补偿的情况就无须证明形质变更的合法性。

其次，营农补偿和多年生植物移植费用的关系。一般情况下，单年生植物的农作物到收获期即可保障营农收入，因此不包含在损

[1] 형철, 손실보상에 관한 연구: 영농보상을 중심으로, 단국대학교박사학위논문, 2008, p. 148.

失补偿对象之中。但是多年生植物到收获期还剩两年以上或者一定期限之后也不会消灭其价值的，就会产生多年生植物的移植费用和营农补偿相互冲突的问题。因此，过去将多年生植物排除在营农补偿范围外。但是考虑到营农补偿并非单纯的财产权补偿而是生活补偿的性质，两者应区分开来考虑。

四、结论

我国目前在大力改善土地征收的相关制度，但还未形成较成熟的土地征收制度，因此无法平衡各方利益主体的利益，导致时常发生多方利害关系人之间的纠纷。土地征收制度尚存不足，确有改善之必要。

韩国在过去的实践中不断改进其土地征收制度，目前已经发展出较完善的土地征收规则。征收中对农民的营农补偿从制度的引进初期就存在很多争议，随着时代变化，包括营农补偿在内的生活补偿制度也在一直改善和发展。农业损失补偿的间接损失或逸失损失作为现代意义上的财产权，也属于韩国《宪法》第23条明确规定的正当补偿的内容。相比一般性损失补偿制度，营农补偿制度在补偿程度和补偿内容方面的社会拘束性以及立法裁量的空间都比较大，有必要更进一步明确营农损失补偿的法律性质，也有必要深入了解农业损失补偿是损失补偿制度的重要一环，因此将补偿费支付给实际耕作者更为合理；并且营农补偿金额跟实际栽培物无关，以寻找替代农地或者转换其他职业期间的居住等费用为补偿标准更为合理。

每个国家都以各自国情和社会背景设计法律制度，参考国外的经验时也要考虑我国的实情，要努力做到积极补偿特定人的损失，也有必要防范破坏社会平衡的投机主义者。

Land Expropriation Legal Institution in South Korea

——Focusing on Farmers' Compensation System for Rural Losses

Quan Ji

Abstract: Although China and Korea have different social system and land system, both countries are facing land problem in the process of modernized city construction. This paper is mainly to introduce the land expropriation system in Korea systematically, and analyze the farming loss compensation based on land expropriation system deeply. As a kind of livelihood compensation comes from expropriation compensation, farming loss compensation is a concept that is distinct from the existing compensation for land and ground attachment. The contents of justified compensation are required by the Article 23 of Constitution of Korea clearly. However, compared with the general loss compensation, because of the degree and content of compensation, farming compensation has stronger social restriction and legislative discretion. Therefore, it is necessary to clarify the legal personality of farming loss compensation and establish more specific standards for loss compensation. Land Management Law of Korea also provides the compensation regulation for the crops that not be harvested. As a comparative study, the experience of Korea is significant in supplementing and developing relevant contents of livelihood compensation and needs to be explored continuously.

Keywords: Land Expropriation of Korea, Farmland Protection, Farming Loss Compensation, Livelihood Compensation

【学术新声】

我国医疗救助制度的研究进程及展望

王一帆*

内容摘要：医疗救助作为社会救助中的一项专项制度，是保障我国贫困人口生命健康权的最后一道屏障。国家为确保公民医疗救助权的实现，对提升医疗救助的法制化水平提出了更高的要求。当下，虽然我国社会救助立法从制度建设上对医疗救助独特的制度价值给予了一定回应，但还不足以为医疗制度提供全面的法制保障。现阶段我国学界对于医疗救助制度的研究成果颇为丰富，各学科对于医疗救助制度的研究范围日益拓宽，法学领域的研究也随之呈增长态势，但对于医疗救助制度的法学理论研究仍需强化其研究品格，并对域外经验进行更为深入的法理分析。

关键词：社会救助　医疗救助制度　研究趋势

十九大报告中宣示“多谋民生之利、多解民生之忧，在发展中补齐民生短板、促进社会公平正义，在幼有所育、学有所教、劳有

---

* 王一帆，辽宁大学经济法专业博士研究生，研究方向：劳动与社会保障法。

所得、病有所医、老有所养、住有所居、弱有所扶上不断取得新进展”。在民生问题中新增“弱有所扶”的改革要求，进一步丰富了“保障和改善民生”的法治内涵，对社会救助在多层次的社会保障体系中发挥其兜底性功能提出了更高的要求。作为社会救助体系中的一项专项救助制度，医疗救助对于因病致贫、因病返贫的贫困人群而言，是辅助其恢复家境、逐步脱贫，并最终实现根除贫困的治本之策。尽管医疗救助已经成为惠及近亿贫困人群的社会救助专项制度，但这一制度仍然存在着不足，诸如立法缺失、制度覆盖面小、救助水平较低、政府职责不清、救助资金来源不稳定等问题在实施过程中日益凸显。为此，有必要对现阶段已有的医疗救助制度研究成果进行深入地梳理，反思以往研究中的不足，明确未来医疗救助制度研究的方向，以期加强对医疗救助制度的理论研究。

一、我国医疗救助制度的研究进展

（一）医疗救助制度化发展历程

从政府文件的记载来看，上海市是国内最早开展贫困医疗救助工作的地区。上海市自1990年开始实施《城市贫困市民疾病医疗困难补助办法》，其早期的医疗救助仅针对城市中的“三无”人员，救助的方式主要为住院补助与少量门诊补助。相继，镇江市于1995年实施医疗救助政策，其主要目的是重点解决企业职工无力参加城镇职工基本医疗保险的问题。1996年大连市政府出台了《城乡特困家庭医疗费减免办法》，该医疗救助办法的亮点在于，注重解决当时贫困家庭门诊就医的问题。与其他城市较为关注住院救助不同，该救助办法中，医疗费用的减免涵盖了门诊治疗、疾病防控以及住院治疗等21个项目。1997年，北京市出台了与医疗救助内容相关的第一部政策文件《关于在我市医院实行医药费“总量控制、结构调整”改革的通知》。该文件确定，北京市医疗救助的对象为特困户和

“五保户”，实施救助的方式为，医疗费用的减免，其中主要是对住院治疗及手术费用的减免，减免的力度基本在20%～50%。2001年11月，国务院办公厅发出《关于进一步加强城市居民最低生活保障工作的通知》，提出要认真落实最低生活保障对象在医疗等方面的社会救助政策，在此背景下，各地区相继开启新一轮医疗救助模式的制度探索。

2003年11月，民政部、卫生部、财政部联合制定《关于实施农村医疗救助的意见》，农村地区开始启动医疗救助的工作。以此为标志，我国正式进入建立的医疗救助制度的法制化发展历程。2005年，国务院出台《关于建立城市医疗救助制度试点工作的意见》，该文件的出台标志着城市开始启动医疗救助制度。2008年，《中英城市社区卫生服务与贫困救助项目》开始实施，涵盖了成都、沈阳、西宁、银川四个城市。该项目最初设定的目标为，在一定程度上改善城市中贫困人群的健康状况，其主要的实施手段与方式为，通过建立一个较为完善的社区卫生服务体系，促进贫困人群对医疗卫生服务的使用情况，以提高贫困人群的健康水平。该项目的实践为贫困人群获得有效的医疗卫生服务积累了很多有益的经验。同时，也证明了一个结论，包括社区医疗卫生机构在内的基层医疗卫生服务机构的完善，对于基本医疗服务的普及具有不可忽视的作用。

2009年，国务院正式颁布《深化医药卫生体制改革的意见》，标志着“新医改”的正式启动。该《意见》明确指出，我国的医药卫生事业自改革开放以来，取得了较大的成就，一个覆盖整个城乡的医药卫生体系，已经基本形成；医疗保障制度正在覆盖越来越多的人口；对于疾病的治疗及预防能力得到很大的提升。自“新医改”启动后，全国各地开始普遍尝试开展门诊救助，很多地区累积了大量有益经验。这标志着我国已经基本建成全覆盖的医疗救助制度体系，并朝着规范化、法制化的方向迈进。2013年，为规范城乡医疗救助资金的筹集和使用，为统筹城乡医疗救助制度，民政部与财政部联合出台《城乡医疗救助基金管理办法》。该办法要求，将原来在社保基金专户中分设的“城市医疗救助基金专账”和“农村医疗救助基金专账”进行合并，设立“城乡医疗救助基金专账”。文件还对医疗救助基金的支出、使用和管理进行了详细的规定，从而一定程度上提高了医疗救助资金的使用效益，推动医疗救助制度的城乡统筹。2014年颁布的《社会救助暂行办法》以专章形式对医疗救助制度进行规范设计。该办法第五章将医疗救助的对象明确为：享受最低生活保障的对象，特困供养人员，县级以上人民政府规定的其他特殊困难人员。同时规定了医疗救助的两种实施方式：其一，资助城乡医疗救助对象，参加社会医疗保险；其二，对于经过医疗保险报销后，仍然难以负担医疗费用支出的个人与家庭，符合相关规定的，给予补助。2015年，国务院办公厅转发《关于进一步完善医疗救助制度全面开展重特大疾病医疗救助工作意见的通知》，通知要求在全国范围内城市与农村医疗救助制度要实现整合。截至目前，各地区医疗救助的范围从低保对象、特困供养人员，逐步扩大到低收入重病患者、重度残疾人和低收入家庭老年人等特殊困难群体。在完成中央政策文件的指引下，部分地方积极探索将因病致贫家庭纳入医疗救助范围，或者对因病致贫家庭给予基本生活救助。

（二）立法理念及原则的重塑

在论及医疗救助法制化问题时，学者们普遍认为医疗救助的法律位阶过低，直接影响了医疗救助制度运行的权威性。部分学者提出应要提高医疗救助制度的立法层级，同时指出，现有的医疗救助规定技术性、政策性较强但法律性却不足。有的学者认为，法律位阶过低是我国医疗救助制度的“软肋”，提出我国应当制定统一的《医疗救助条例》的构想。[1] 亦有部分学者将专项救助立法研究嵌入社会救助立法研究中进行探讨。

一项法律制度必然有立法理念予以支撑，对医疗救助法律制度

---

[1] 张妤婕：《医疗救助法律制度研究》，法律出版社2018年版，第27页。

理念进行探寻旨在阐释医疗救助制度出发点与落脚点，同时也是探究制度发展方向必不可少的环节。进一步而言，制度的基本原则即涉及该项制度的核心价值，又要顾及现有的社会经济条件。基本原则设计的合理与否，会直接影响到制度实施的效果与制度未来的发展方向。陈迎春教授提出医疗救助立法理念应重视医疗救助防贫、减贫作用的发挥。[1] 疾病与贫困往往有高度关联性，我国城乡医疗救助制度建立的动因很大程度上与当时城乡贫困弱势群体无经济能力就医有关。早在上世纪 90 年代，我国政府就已注意到了"因病致贫，因病返贫"问题，并在医疗保障体系中进行了特殊的制度安排。正确处理健康与贫困之间的关系，已成为人类反贫困理论的最新标志性成果之一。孟庆国教授则从健康贫困学角度出发指出医疗救助的法制建设应树立公平享有基本医疗服务的理念。[2] 此理念重强调了医疗救助制度中效率价值的存在。同样，从健康贫困学角度切入，徐盛鑫教授提出医疗救助应确立基本医疗服务需求原则。[3] 张妤婕教授认为医疗救助的法制建设应当树立"及时有效救助原则"以及"注重与其他医疗保障制度相衔接原则"，主张通过事前救助为主、事后救助为辅的方式，保证救助对象可以在第一时间获得有效的医疗服务。同时强调设计与构建医疗救助法律制度应当持有体系化的观念；医疗救助与包括医疗保险在内的其他医疗保障制度，应当保持既独立又对接的关系。[4]

（三）打破城乡二元制格局

我国医疗救助制度在发展之初便形成了城市与农村的二元模式。

---

[1] 陈迎春、吴妮娜、罗五金：《从消除农村健康贫困的角度看农村医疗救助与新型农村合作医疗有机衔接的必要性》，载《中国卫生经济》，2006 第 6 期。

[2] 孟庆国、胡鞍钢：《消除健康贫困应成为农村卫生改革与发展的优先战略》，载《中国卫生资源》，2000 第 6 期。

[3] 徐盛鑫：《论如何界定基本医疗与特殊医疗》，载《中国卫生事业管理》，1994 年第 11 期。

[4] 张妤婕：《医疗救助法律制度研究》，法律出版社 2018 年版，第 84 页。

有学者在总结现行城乡二元模式的基础上，提出城乡分置的医疗救助。理念虽然同一个社会大群体的内部，人们之间所享受的基本卫生服务水平在由两端向中间靠近，但将城市与农村状况予以横向比较，依然存在着健康与卫生服务的差别。[1] 城乡医疗救助分立分治不利于优化整合医疗救助资源，有碍于城乡经济社会一体化发展和统筹协调不同区域之间社会经济发展。对此有学者提出，应当以相对成熟的最低生活保障制度为依托，突破医疗救助城乡二元结构，实现救助标准、救助方式等方面的城乡一体化的解决路径。[2] 统筹城乡社会救助机制建设，离不开对当前中国农村发展情况的了解和对救助需求层次的具体分析，掌握并消化我国现阶段农村社会救助体系中各类问题，有针对性地完善相关法律法规，方能形成完备的城乡一体化社会救助制度体系。[3]

二、我国医疗救助制度研究之内容

（一）医疗救助法律制度研究之学理分析

1. 医疗救助释义

社会救助内涵的扩大与生存权的扩展及现代积极救助理念紧密相关。社会成员的基本需求除了吃穿等生存需求外，还有医疗、住房、教育等生活需求。仅对贫困家庭进行基本生存救助已经不符合现代人权理念及其对生存权保障的更高追求。生存权不仅意味着保障公民的基本生存，还意味着公民拥有随着社会进步而享有的与社会经济发展相适应的权利。社会救助作为现代公民的基本权利，兼

---

[1] 米勇生：《社会救助与贫困治理》，中国社会出版社2012年版，196～197页。

[2] 闫海、张照静：《论我国医疗救助的法制改革》，载《中国卫生法制》，2015年第23卷第6期。

[3] 郑功成：《中国社会救助制度的合理定位与改革取向》，载《国家行政学院学报》，2015年第4期。

有生存与发展的双重内容。在此影响之下，现代社会救助理念转变为“维持最低生活水平”的积极性与多样性，同时更注重预防贫困与提升防贫能力等议题。这些变化在客观上推动了单一社会救助向多元社会救助的转变。其最显著特征是生活救助与医疗、教育、住房、灾害救助等其他各专项救助一道成为社会救助的主要内容。疾病既是贫困的原因又是贫困的结果，以消减贫困为己任的社会救助制度应当关照贫困人群的健康状况。虽然学者们对于社会救助概念的界定不一，但是将医疗救助作为社会救助的重要内容已成为共识。

时正新教授认为：“作为社会救助重要组成部分的医疗救助，是以政府责任为主以社会力量参与为辅的一项制度，是针对贫困人口中患病但无力购买医疗服务的人实施专门性帮助的行为。”❶ 王保真教授指出，医疗救助是社会救助中的专项救助项目，同时也是医疗保障体系中的一个构成部分。医疗救助的对象主要是贫困人口中的患病人群，它以政府为实施主体，一些社会组织如慈善机构等则是政府之外的主要参与主体。政府通常会在政策方面或资金方面对贫困人口中的患病人群进行一定的支持，以帮助他们得到必要的医疗服务。社会组织则主要通过实施慈善行为的方式参与医疗救助。❷ 李小华、董军教授在此基础上将医疗救助概括为广义和狭义两种概念，他们认为，广义的医疗救助囊括了所有与医疗卫生服务相关的行为，不管这种帮助行为是来自一个国家内部，还是来自其他国家，都可视为实施医疗救助的行为；狭义的医疗救助，针对的仅仅是贫困人群中患有疾病、经济能力不足以购买所需医疗卫生服务，需要政府提供专门医疗帮助的制度。❸ 从法学角度定义医疗救助的学者并不多，其中较有影响的有：杨思斌教授在其著作《社会救助立法研究》

---

❶ 时正新：《中国社会福利与社会进步报告》，社会科学文献出版社 2002 年版，第 160 页。

❷ 王保真：《医疗保障》，人民卫生出版社 2005 年版，第 35 ~ 37 页。

❸ 李小华、董军：《医疗救助的内涵、特点和实质》，载《卫生经济研究》，2005 年第 7 期，第 31 ~ 32 页。

中指出“医疗救助是指，政府和社会对贫困人口患有疾病，但无经济能力进行治疗的对象，实施专项救助的行为”❶。林莉红教授和孔繁华教授认为，“作为改善贫困人口健康状况的一种措施，医疗救助制度以政府为实施主体，政府主要提供财政或政策上的支持，无偿为贫困人群中的疾病患者提供部分或全部的医疗服务”❷。张妤婕教授将医疗救助定义为：“医疗救助是以政府为主体，为贫困人群中的疾病患者提供基本医疗服务，保障贫困人口健康权益的一种社会救助专项制度。作为社会救助体系中的专项救助项目，医疗救助是最低生活保障制度的重要补充。不仅如此，医疗救助也是我国医疗保障体系的一个主要构成部分，其覆盖了医疗保险不能覆盖的“空白”地带，确保贫困人群获得基本医疗保障的权利。”❸ 可见，“医疗救助”一词是我国法学界与社会保障学界通用的专属名词，然而在法学类专业词典中都缺少对其涵义的注释。对现有文献资料进行梳理可知，目前学术界对医疗救助概念的认知还未能形成通说观点。

2. 医疗救助权解析

由于医疗救助是社会救助制度中的专项救助项目，医疗救助权是社会救助权利体系下的一项子权利，具有社会救助权的一般属性。以此为基点，结合医疗救助的概念与内容进行梳理，发现既有研究并没有关注医疗救助权，学者们关注较多的是社会救助权。何平教授提出社会救助权是：“公民因陷入无法自力克服的生活困境，而向国家或社会提出请求，获得保障其基本生存要求的，物质救助及服务救助的权利。”❹ 杨思斌教授则认为社会救助权是现代社会公民的基本权利之一。获得该项权利的前提是公民难以维持基本生活水平，

---

❶ 杨思斌：《中国社会救助立法研究》，中国工人出版社2009年版，第195页。

❷ 林莉红、孔繁华：《社会救助法研究》，法律出版社2008年版，第269页。

❸ 张妤婕：《医疗救助法律制度研究》，法律出版社2018年版，第29页。

❹ 何平：《公民社会救助权研究》，北京大学出版社2016年版，第30页。

此时，公民可以按照法定程序和标准提出申请，要求国家向其提供保证其家庭基本生活需求的物质帮助和社会服务。[1] 有的学者则运用规范分析法和比较研究法将社会救助权赋予了时代意义，认为随着党的十九大再次提升扶贫战略高度，保障社会救助权面临新的风险和挑战，其要素、属性方面发生相应转变。在精准扶贫视阈下进行社会救助权转型分析，发现社会救助权要素中权利主体特定化、义务主体扩充和内容多样化，属性上更侧重于积极权利效力。[2] 张妤婕教授基于以上社会救助权的研究，结合医疗救助制度的特殊性提出："医疗救助权是指，患有疾病的社会成员，因贫困而无经济能力进行治疗的情况下，从国家获得医疗方面救助的权利。"[3]

（二）医疗救助法律制度之制度性建设研讨

1. 医疗救助对象的界定

我国《社会救助暂行条例》中将医疗救助的申请对象分为三类：最低生活保障家庭成员、特困供养人员、县级以上人民政府规定的其他特殊困难人员。鉴于这一规定过于泛化，实践中各地区仍根据各自情况确定医疗救助对象。相较于社会救助中的其他专项救助项目，最低生活保障制度的发展时间最长，也较为成熟，故此，专项救助制度经常会选择与最低生活保障制度进行衔接。这种衔接在医疗救助中表现为简单将医疗救助对象等同于最低生活保障对象。这种简单粗暴的套用方法在法理上忽略了医疗救助制度的独立价值。医疗救助制度能够独立于生活救助制度而自成一套独立的制度，其中最重要的原因在于医疗救助制度与生活救助制度在目标及功能价值上各不相同。在医疗救助过程中，随着贫困和弱势群体经济、健康等条件的变化，应根据救助条件或标准及时纳入或删除，保证救

[1] 杨思斌：《中国社会救助立法研究》，中国工人出版社 2009 年版，第 251 页。

[2] 乔煜，刘学琴：《社会救助权转型研究》，载《华北电力大学学报》，2019 年第 2 期。

[3] 张妤婕：《医疗救助法律制度研究》，法律出版社 2018 年版，第 72 页。

助的公平性。[1] 在遵循该原则的基础之上，有的学者探讨了城市医疗救助对象的确定机制，并从三个方面对城市弱势人群进行分类：一是从经济指标上判断最能从救助项目中受益的群体；二是分析潜在救助对象的卫生服务需求；三是分析对弱势人群实施的救助活动。[2] 在医疗救助资金有限的情况下，应合理划定优先救助范围，保证最弱势群体得到最大限度的救助。实施医疗救助最重要的几类人员包括：转型时期的下岗职工、失业人员等特殊群体；生活在最低生活保障线以下的残疾人员；体弱多病、鳏寡孤独等老年弱势人群；其他特殊情形下需医疗救助的弱势群体。[3] 根据国际经验，在制定医疗救助政策的时候除了要对低收入家庭和人群进行医疗救助外，还要考虑居民的健康状况，即不仅要从经济收入水平来界定医疗救助对象，还要从健康角度界定需要医疗救助的对象。[4] 现有观点普遍认为，我国医疗救助的对象覆盖面过窄，实践中医疗救助的对象大多为“绝对贫困人口”，但是随着社会经济的发展，出现了许多“相对贫困人口”，这些人因为不在救助对象的范围内，往往面临“小病扛、大病熬”的窘境，因病致贫的问题无法解决。

2. 医疗救助模式的选择

现有文献中多见针对一种救助模式进行简单介绍和政策解读，鲜有深入分析各类救助模式的综合研究，更加缺少对体系性法制化措施的有效关注。2014年颁布的《社会救助暂行条例》指出，医疗救助以资助参保参合、大病救助方式为主，辅之以其他救助方式。这为研究救助选择模式奠定了一定基础，但有关如何有效地将其他

---

[1] 孟庆跃、姚岚：《中国城市医疗救助理论和实践》，中国劳动社会保障出版社2007年版，第47～53页。

[2] 安妮、孟庆跃等：《城市医疗救助对象的确定机制中国》，载《卫生经济研究》2003年第6期。

[3] 徐祖荣：《社会转型期城市医疗救助的理论和经验》，中国经济出版社2010年版，第64页。

[4] 李小华、董军：《国外医疗救助政策比较》，载《卫生经济研究》2006年第10期。

救助方式运用于目标人群，尽可能地实现“应保尽保”目标尚待进一步深入研究。此外，关于医疗救助实施方式的内容，多数学术文献论及住院大病救助、资助参保参合、门诊救助、优惠减免及慈善救助等医疗救助的实施方式，这些方式在各地医疗救助的实践中都有所采用，但缺乏对不同救助方式间衔接机制的有效探讨。实施医疗救助需要各种救助方式的配合，任何单一救助方式都无法达到预期的效果。

从域外立法来看，国际社会实行的医疗救助模式有两种：第一类模式将医疗救助作为一项独立的制度与主体社会医疗保险制度并存，政府的财政支出是医疗救助的主要资金来源；第二类模式将医疗救助纳入主体社会医疗保险制度中，主要的实施方式为政府出台相关立法，代替医疗救助的对象缴纳社会医疗保险的费用，或者减免符合资格的救助对象医疗保险费缴纳义务。[1] 而我国的医疗救助模式似乎介于两种模式之间。一方面，我国的医疗救助制度与上述第一类模式相似度很高，都是在主体保险体系之外单独建立的一套制度，在医疗救助制度下有独立的医疗救助基金及管理体系，其与医疗保险呈现出一种并行的制度关系；另一方面，我国的医疗救助又不断强化与社会主体保险的联系，借助医疗保障制度主体的城乡医疗保险发挥作用，即利用救助基金资助贫困对象参加主体医疗保险，使“参保参合”与社会保险基金形成联系。可以说，这种模式既借助了社会医疗保险的力量，又希望利用救助的属性补充社会医疗保险的不足。[2] 在城市医疗救助试点施行后，大多数城市沿袭了扶贫救困的思路，着重接济少数因大病致贫的家庭。少数城市采取了综合型救助模式，目的是为所有贫困人群提供医疗保障，使他们有能力看病治病。综合救助模式致力于改善贫困家庭的能力，防止其因病

---

❶ 王三秀：《西方社会救助制度的流变》，载《中国社会导刊》2008 年第 1 期。

❷ 杨玲、刘远立：《美国医疗救助制度及其启示》，载《武汉大学学报》（哲学社会科学版）2010 年第 5 期。

致贫，而且其受益面宽，体现了发展型社会政策思路，有助于多重社会政策目标的实现。[1]

我国城市医疗救助制度的模式大致分为大额医疗救助、综合医疗救助和资助参保三种模式。大额医疗救助主要是对住院和大病的风险救助；综合医疗救助不仅为救助对象的大额医疗费用提供资助，而且对救助对象的门诊医疗费用也提供一定补助；资助参保是利用救助基金资助救助对象参加基本医疗保险。资助参保模式是适宜我国的医疗救助模式，制度筹资能力不足是影响资助参保型城市医疗救助模式的主要瓶颈。[2] 有学者在实证研究的基础上提出了“洛阳医疗救助”的新模式，即医疗保险与医疗救助采用政府购买服务的方式，城市低保对象首先参加城镇居民基本医疗保险，然后由民政部门为其购买一份商业补充医疗保险，建立二次保险报销。保证执行制度的公平性，同时提高制度的运行效率。在此研究基础之上，刘成凤教授等分析了城市低保对象的医疗救助心理需求，结果表明理想的救助模式应该大小病兼顾。[3] 易春黎等指出，综合救助模式成本效益比率的高低与城镇居民基本医疗保险缴费标准、保障内容、实际补偿比例和参保对象医疗服务的利用情况密切相关。[4] 现有的研究已经对综合救助模式达成共识，但是，综合救助模式以何种方式为主？各类方式的对象为何？各类方式之间怎样配合？尚有待进行更深一步的探讨。

3. 医疗救助制度与基本医疗保险制度衔接

医疗救助制度与其他医疗保障制度特别是医疗保险制度之间衔

---

[1] 顾昕：《泰国的医疗救助制度及其对我国的启示》，载《中国行政管理》2006年第7期。

[2] 彭诵、赵斌：《资助参保型城市医疗救助模式研究》，载《山东工商学院学报》2010年第4期。

[3] 刘成凤、张光成、王汝芬、范翠萍、杨淑香：《城市低保对象对医疗救助的心理需求分析》，载《中国初级卫生保健》2008年第7期。

[4] 易春黎、陈丽、荣英男、冯博、姚岚：《基于成本效益分析的城市医疗救助模式比较》，载《中国卫生经济》2010年第10期。

接机制的缺失，直接影响了医疗救助的组织管理与服务管理，制度之间缺失衔接机制影响了贫困人群有效地利用基本医疗服务。一些政策的制定主体没有意识到医疗救助与医疗保险制度之间的根本性区别，进而将医疗救助简化为社会医疗保险的附属制度。两种制度衔接机制缺失所带来的制度真空地带，降低了医疗救助的管理效率，无法实现医疗保障体系内部的协调与衔接，从而降低了整体医疗保障水平。在服务管理方面，制度之间的分割增加了医疗救助实施过程的复杂性。其中利益受损最多的恰恰是需要救助的对象。救助过程涉及医疗保障相关部门之间的协作，制度分割只会增加救助的申请难度，导致待救助对象需要在不同经办机构之间奔波往返，医疗救助的审核及审批也需要经过若干个部门办理，无形之中增加了医疗救助的办理时间。过程耗时不符合医疗救助的及时有效原则，会使整个救助效果大打折扣。因此，城市医疗救助与居民医疗保险制度的衔接，应遵循切实保障居民基本权益原则、因地制宜原则、政府主导原则、高效简便原则、可持续发展原则。同时，衔接机制的建立可以从规范医疗救助运行体系、健全运行机制和加强信息管理等方面入手。[1] 此外，在设计医疗救助相关的技术性规范中，对制度之间的分割现状没有引起足够重视。有的学者在实证研究基础上，对城市医疗救助与城镇居民基本医疗保险制度相衔接进行评析认为，应通过资助救助对象参加医保为其构筑抵御医疗风险的第一道防线；对居民起付线与医疗救助起付线差额救助，对发生高额医疗费用的救助对象实行三次救助，以减轻贫困居民经济负担。[2]

在衔接、整合医疗救助制度与主体医疗保障制度的研究中，有学者提出享受医疗救助者需要参加主体医疗保障制度、主体医疗保障方案要与医疗救助资助方案相衔接、主体医保补偿要与医疗救助

---

[1] 于垲：《城市医疗救助与城镇居民基本医疗保险衔接政策研究》，南开大学论文，2011 年。

[2] 任丽明、刘俊荣：《城市医疗救助与城镇居民基本医疗保险制度相衔接模式的分析及建议——以广州市为例》，载《中国卫生事业管理》2010 年第 8 期。

补贴实时结算、医疗救助共享主体医疗保障管理软硬件资源、主体医保制度要与医疗救助制度管理和业务整合等。[1] 政府作为医疗救助的责任主体，将资助救助对象参加医疗保险作为救助重点，只考虑了如何将医疗救助对象纳入社会医疗保险的问题，没有思考如何使医疗救助借托医疗保险的力量，更多的让医疗救助的对象获益。[2] 这说明医疗救助制度定位出现了偏差，我国医疗保险制度本身存在不利于困难家庭就医的因素，其中起付线设计、用药和诊疗目录的限制以及封顶线划定，都形成医疗救助对象获得医疗资源的层层障碍。现有关于医疗救助的政策法规并没有很好地解决制度之间衔接互补的问题。

4. 域外经验镜鉴

在很多域外国家立法例中，医疗救助都以单行法的形式存在，其制度的发展历程均呈现由简到繁、逐渐整合并不断完善的演进特征。早期医疗救助立法往往并无非常清晰的整体架构，即便在制度构建之初体系较为完整，也会由于各种现实条件的限制只能部分实现医疗救助目的。随着经济社会的发展，医疗救助制度渐次整合并修正，大多突破原有立法设想，各国医疗救助法律制度在不同时期呈现不尽相同的立法目的、方法及理论，以及体系凌乱无序，缺乏系统性治理的制度外观。纵观他国社会救助的起源和发展过程，社会救助的直接目的是减少社会冲突以维护社会秩序稳定，同时也致力于纾解社会成员的后顾之忧和眼前的生活困难，增强社会成员的认同感和凝聚力。但必须通过公平原则实现这一目标，否则将损害社会救助制度的发展根基。

德国的医疗保障制度覆盖范围较广，并且强调医疗保障领域的

---

[1] 车莲鸿：《医疗救助制度与主体医疗保障制度衔接与整合研究》，载《医学与哲学》（人文社会医学版）2008年第12期。

[2] 徐祖荣：《社会转型期城市医疗救助的理论和经验》，中国经济出版社2010年版，第64页。

公平性，这些都体现在其医疗保险制度当中。在德国，社会医疗保险的参保人需要承担部分保费，保费的多少取决于参保人的收入情况。参保人只需支付很少的医疗费用甚至基本不需要自己支付医疗费用即可获得医疗服务。虽然参保人支付的保费不同，但是不同参保人获得的医疗保障的待遇是没有差别的。因为德国的社会医疗保险体系较为完善，基本能够满足参保人各方面的医疗卫生服务需求，故此德国的医疗救助制度主要任务是，将贫困人群纳入社会医疗保险体系当中。❶ 德国经验说明在追求公平的同时勿忘效率原则的重要性，社会救助水平必须与生产力水平相适应，必须与国家或地区的政治、经济、文化、历史和社会等情况相适应，一旦社会救助一味追求公平而忽视效率，那么最终公平也无从谈起。

社会救助立法的目的在于编织社会成员生存保障的社会安全网，其方法和路径并非由政府大包大揽，承担社会成员的所有生存救助责任，亦非由个人承担全部的生存风险，而是通过社会共筑救济的方法实现对所有社会成员的庇护。这其中实现互助共济所依赖的法律精神便是“社会连带”思想。美国现行医疗救助的总原则强调政府责任，对于没有经济能力参加商业医疗保险的群体，当其有医疗需求时，由政府为其提供免费的医疗卫生服务。美国政府提供的医疗卫生服务，包括的内容较为全面。政府必须向贫困人群提供综合性的医疗卫生服务，具体包括门诊服务、住院医疗服务、护理服务以及向21岁以下人群提供定期的健康检查与诊疗服务等。具体在医疗费用的补助方面，贫困者一般不需要承担任何医疗费用，医疗救助费用全部由政府承担。政府承担的医疗费用，由联邦政府与州政府按固定的比例分摊。❷

---

❶ 周绿林：《医疗保险学》，科学出版社2013年版，第21页。

❷ 何佳馨：《健康保险法研究——以中美健康保险立法分析为中心》，复旦大学论文，2011年，第61页。

三、医疗救助制度已有研究评述及展望

（一）现有研究的评析

经过搜集和整理文献资料发现，我国由于医疗救助制度实施较晚，理论研究重点主要集中于较为具体的制度研究。作为医疗救助法制改革指导的相关基础理论研究并不充分。具体来说，国内医疗救助研究仍存在一些不足，主要表现是对策性研究多、基础性理论研究少。国内学者一般是从经济学、健康卫生管理学、社会保障学等专业对其进行研究，而从法学角度对医疗救助进行的专门研究乏善可陈。其研究路径大致可概括为以下两种：其一为嵌入式研究，即将医疗救助嵌入到社会救助法律制度、医疗保障体系或是社会保障体系中去研究；其二为解决具体问题式研究，目前医疗救助的研究很多都是在分析各地医疗救助实施的基础上，得出普遍性规律以应对现实中的问题。

此外，有关医疗救助法律制度的研究有的深入细致，有的则粗糙重复。文献资料总体来看以间接资料为主，比较欠缺直接相关的研究成果。当前国内学者研究多注重于评价社会医疗救助制度的实施成效，较多地集中于对现象的梳理，法学领域关于医疗救助法律制度的研究目前来看仍浮于表面，如医疗救助立法必要性分析、对国外立法经验的借鉴等都缺少深入的法理分析，前述所梳理的研究成果也显现出对该制度规范研究的匮乏。未来医疗救助制度研究应当在现有研究的基础之上回应遗留问题，重点探究医疗救助权利人与医疗救助义务人之间的权利与义务关系，构建医疗救助的程序制度、监管制度以及医疗救助权救济机制等具体问题。

（二）研究启示

通过梳理学者们关于医疗救助法律制度的制度需求、制度优势、

现行法律法规的局限性以及未来医疗救助运行法制建构的建议，概括及评述学者们关于医疗救助对象的界定、医疗救助模式的选择等方面的研究成果，获得以下研究启示。

1. 医疗救助法治研究应当关注医疗救助给付原理的复杂性

社会救助体系中的日常生活救助是以假设基本生活保障标准为生活水平线，通过金钱给付以满足申领人一般生活开支需求。在申领人生活出现较大的支出需求时，则辅之以特别生活救助以满足申领人医疗、教育、住房、就业等方面的生活开支。特别生活救助也称为专项社会救助，专项社会救助从其救助项目设立之初就具有非常性、不确定性、复杂性。对申请个体而言，专项社会救助具有非常态性，一般在生活发生特别困难的情况下根据具体需求申请救助，相应的社会救助也根据具体需要而专项化，即分为医疗救助、教育救助、住房救助、就业救助等。专项社会救助的制定与实施具有政策性，因此其救助的条件、内容、水平都具有较强的不确定性，这是我国专项救助法制化程度低的具体表现。从医疗救助与其他社会救助制度的关系来看，医疗救助的给付往往与其他救助项目的给付存在有竞合关系，因此医疗救助的制度设计并不像日常生活救助制度那样简单，其给付原理较为复杂。医疗救助是专项社会救助中针对医疗支出的辅助性、补贴性社会救助，在医疗责任个人化、医疗保障机制多元化的背景下，医疗救助是最后的补贴性给付。医疗救助给付是在基本医疗保险、大病保险以及其他补充医疗保险支付后，根据个人及其家庭的经济状况而对个人支付部分的补充，其定位于补充其他社会保障、辅助个人责任。一般来说，医疗保障属于基本人权的范畴，医疗服务具有明显的公共服务性，相应的医疗责任也应以追求免费医疗、国家和社会责任为目标。

2. 厘清医疗救助等专项救助在社会救助法中的定位

我国医疗救助制度目前主要是由行政部门推进并定位为民政工作。起初我国的医疗救助制度主要作为一种农村扶贫政策，散见于各地方发布的政策文件中，民政部从地方实践经验中发现医疗救助制度的价值和政策意义，并大力推动落实医疗救助事业发展。在这一过程中，民政部门并未局限于《社会救助暂行办法》第五章的规定，而是在此基础之上发展出多种救助方式，以填补《社会救助暂行办法》中的空缺内容。在我国，医疗救助早已拓展为医疗保障体系中的一环，将医疗救助定位于民政工作存在如下不足：其一，不区分医疗救助制度与社会救助制度，医疗救助的理论研究也只是笼统地关注医疗救助相关注意事项并常与低保制度联系在一起。其二，研究城乡医疗救助却忽视有关医疗救助制度的行政法规，缺少对有关法规的规范分析，传统的法规范分析在医疗救助的学理究中备受冷落。依托《社会救助暂行办法》的文本解释并不能满足医疗救助的工作需要，民政部门没有动力去更改医疗救助制度的基础性设计，而是偏好于社会专项救助体系的构建与拓展。其三，最初的医疗救助制度没有在较高的法治环境中实施，其后的多种社会救助制度与医疗救助制度互相作用，使得医疗救助制度呈现较强的政策性、较弱的法制性。在学理研究中认清上述趋势，厘清医疗救助与其他社会救助的关系，精确专项救助制度在社会救助法律制度中的定位，方能防止医疗救助制度在实施和发展过程中产生制度功能异化。

Research Progress and Expectation for Medical Assistance System in China

Wang Yifan

Abstract: Medical assistance, as a special system of social assistance, is the final shield for rights of life and health of the poverty in China. In order to make possible the accomplishment of citizens' rights of life and health, a higher standard for improving the legalization level of medical assistance is put forward. As present, a respond has existed to system value of medical assistance from the perspective of system construction from social assistance legislation of China, but which is not enough to offer a thorough legal protection for the medical system. At current stage, the achievements for the study of medical assistance system from academic community in China. Various disciplines for the study scope of medical assistance system is increasingly expanding and the research in the field of law has been in a rising trend. However, we should pay more attention to study the character of the legal theory of medical assistance system and conduct a deeper jurisprudence analysis to foreign experience.

Keywords: Social Assistance, Medical Assistance System, Research Trend